십 대에게 들려주는 생명의 존엄성

# 나의 첫 생명 수업

십 대에게 들려주는 생명의 존엄성

# 나의 첫 생명 수업

홍명진 지음

# 목차

008  여는 글 。 생명의 교실에 오신 여러분을 환영합니다

( 1 )  **생명이란 무엇일까?**

014  최후의 1인
018  생명은 왜 소중할까?
021  시계, 우주선, 그리고 인간
025  따끈한 피자 vs. 사람의 목숨
030  인간은 특별할까?
034  인간은 복잡하게 설계된 기계 장치일까?
037  내 친구 깐돌이의 결말
040  돼지를 대하는 우리의 자세
046  동물이 아프면 사람도 아프다
049  기절하고 싶은 바다가재
053  사람은 동물보다 우월할까?
058  너구리와 오리에게도 삶이 있다

## ② 지구에 무해한 존재가 되는 법

066    지구를 존중하는 마음

072    잃어버린 파란 하늘

075    플라스틱이 내 입으로 들어간다고?

082    기후 변화의 습격

088    우리가 선택하지 않은 미래

094    종이컵, 스테이크, 그리고 청바지

100    무한리필 공짜 에너지

105    옛날 옛적에 북극곰이 살았더랬지

111    동물의 영역, 인간의 영역

116    꿀벌들아 돌아와

120    나는 핵무기가 싫어요

124    제2의 지구를 찾아서

# 3 죽음을 공부하면 삶이 보인다

130  세상에서 가장 어려운 퀴즈

134  죽음 이후 벌어지는 일

137  돌고 도는 세상의 이치

141  베토벤은 생존 중?

145  죽음은 여행일까?

149  완벽하고 영원한 낙원을 찾아서

152  소녀야 일어나라

158  베를린 천사가 가르쳐 준 것

163  네가 죽는다는 것을 기억하라

168  코끼리와 까치의 장례식

172  옷장 문을 열고 나가면

## 4 내 생명에 대하여

178   나는 왜 나를 좋아하지 않을까?

183   소행성 B613에 불시착하다

187   나를 사랑하는 세 가지 방법

190   죽음을 선택할 권리에 대하여

195   잉여 인간은 없다


200   닫는 글 。 바다 건너에는 무엇이 있을까?

○
○
○

# 생명의 교실에 오신
# 여러분을 환영합니다

역사 드라마를 보다가 문득 이런 질문이 떠올랐어요. '지금은 그때보다 나아졌을까?' 오늘날이 과거에 비해 생명의 가치가 더 보호받고 존중받는 시대인 것은 분명해요. 대부분의 문명 국가에서 학살, 야만적인 형벌, 고문이 사라졌어요. 그런 의미에서 역사는 발전했고 세상은 더 살 만한 곳이 된 것 같아요. 하지만 지구상에는 여전히 전쟁, 기아, 분쟁, 인권 말살, 기후 변화, 생물다양성 파괴같이 생명을 위협하는 일들이 계속되고 있어요. 21세기는 과거 못지않게 생명의 존엄성과 가치가 강조되어야 하는 시대이지요.

이 책에서는 나 자신으로부터 시작해 인간 사회, 생태계, 지구에 이르기까지 '생명의 가치'를 여러 각도에서 살펴보려고 해요. 우선 생명의 기원으로 이야기의 시작을 풀어 가면 좋겠어요. 과학자들은 생명이 어떻게 탄생하고 유지되는지를 연구해서 상세하게 설명해 주지요. 하지만 최초에 생명이 어떻게 시작되었는지, 암흑이 가득한 드넓은 우주에서 어떻게 이 작은 행성이 생명을 품게 되었는지, 꼬물거리는 생명이 정말 지구에만 존재하는지 시원하게 설명하진 못해요. 생명은 여전히 우리의 지식 저 너머에 있는 신비한 존재이고 현상이에요.

생각해 보면, 태양이 우리 은하의 주위를 도는 것도, 지구가 다른 행성들과 함께 태양 주위를 공전하는 것도, 우리가 매순간 호흡하며 존재하는 것도 모두 기적이에요. 기적이 365일, 24시간 계속되니 기적 같아 보이지 않을 뿐이죠.

인간이 단순히 화학적 화합물인지 아니면 영혼을 지닌 고차원의 존재인지 또한 수수께끼입니다. 인간의 신체를 세세히 분석하면 동물과 크게 다를 것이 없다고 해요. 하지만 인간의 정신적 특성을 살펴볼 때 인간에게 동물과 다른 뭔가 특별한 점이 존재한다는 사실을 알 수 있습니다. 그래서 어떤 종교들에서는 인간이 초월적인 존재로부터 비롯되었다고 믿기도 해요.

인간의 기원이나 본질에 대해 과학과 종교가 각자 다른 설명을 내놓고 있지만 모든 사람이 동의하는 단 하나의 정답, 결론은 없어요. 이럴 때는 '아, 모르겠다' 하고 포기하지 말고, 각기 다른 목소리들에 귀 기울여 보고 자신만의 답을 내려 보면 좋을 것 같아요.

인간을 세상의 중심에 놓는 인간 중심주의는 지구가 몽땅 인류의 소유인 것으로 착각하게 만들어요. 하지만 인간은 거대한 지구 생태계의 일부에 불과해요. 우리는 이제 집채만큼 거대하고 또 손톱만큼 작고 때로 눈에 보이지도 않는 지구상의 모든 동식물과 생태계 전체로 시선을 돌려야 합니다. 지구 생명체는 모두 서로 의존하고 연결되어 있기 때문이죠. 이 책은 우리와 연결되어 있는 다양한 생명들을 어떻게 바라보고 존중하고 함께 살 수 있을지에 대해 질문을 던지고 고민하는 과정을 담고 있어요.

이 책은 죽음에 대해서도 다루고 있습니다. '죽음'을 알아야 '어떻게 살고' '어떻게 생명을 대해야 할지' 좀 더 선명하게 알 수 있기 때문이에요. 지혜로운 어른들은 입을 모아 삶과 죽음은 하나라고 가르쳐 줍니다. 땅과 하늘을 품은 자연계에서는 생명과 죽음의 과정이 돌고 돌아요. 깊고 푸른 대양과 빽빽한 숲을 지배하는 모든 생명체들 그리고 물웅덩이 속 물방개 한 마리까지 생명의 끝에는 반드시 죽음이 있어요. 그리고 그 죽음 속에서 다시 생명이 피어나는 순환이 일어나요. 동식물은 화려한 모습으로 생명을 뽐내다가 죽음을 맞이해요. 하지만 죽음이 오기 전 생명의 씨앗을 흩뿌려 놓아 세상을 생명력 가득한 곳으로 채워 놓지요.

죽음이 있음을 알기에 사람들은 더 가치 있게 살아가려고 애를 써요. 생명과 죽음의 의미를 함께 나란히 놓고 보는 것은 그래서 중요하답니다. 노란색을 검은 바탕에 놓으면 훨씬 밝아 보이는 것처럼 삶과 죽음의 의미를 뚜렷이 보려는 과정이라고 생각하면 이해하기 쉬울 거예요. 누군가는 생명이라는 주제를 어렵고 버겁게 느낄 수도 있어요. 죽음에 대해 말하는 것은 재수 없거나 또는 무섭고 우울한 일이라고 생각할지도 모르겠어요. 하지만 세상은 생명과 죽음으로 충만한 곳이고, 우리는 바로 이 순간에도 생명을 살아 내는 동시에 째깍째깍 다가오는 죽음을 기다리는 존재예요. 그렇다면 생명과 죽음은 삶을 의미 있게 살아가기 위해 반드시 고민해야 할 주제이지요. 그 고민을 풀어 가는 여러분의 길에 이 책이 도움이 되기를 기대해 봅니다.

# 1. 생명이란 무엇일까?

# 최후의 1인

나는 언제부터 이 세상에 존재했을까요? 생명의 시작을 언제로 볼지에 대해서는 사람들마다 생각이 달라요. 정자와 난자가 만나 수정이 이루어졌을 때. 심장박동이 처음 뛰기 시작했을 때. 엄마 배 속에서 바깥세상으로 나왔을 때. 그러면 태어나기 이전에 나라는 존재는 어디에 있었을까요? 만약 내가 2011년 1월에 태어났다면, 수정이 되기 전인 2010년 2월에 나는 이 세상에 존재하지 않았어요. 엄격히 말해서 2010년에 나는 아무것도 아닌 무(無)의 상태였고 생명이라는 것이 없는 존재였어요.

우리 생명의 시작은 신비로워요. 난자를 향해 길고 험한 여행길에 오른 정자는 3억 마리의 동료 정자들을 제치고 혼자 살아남았어요. 정말 엄청난 확률이죠.

〈1 대 100〉이라는 퀴즈 프로그램이 있었어요. 100명이 퀴즈 게임을 시작하는데 문제를 틀린 사람은 탈락하게 되죠. 99명이 탈락하고 최후의 1인이 되면 상금을 받아요. 이 퀴즈 프로그램은 세상의 축소판 같아요. 세상에 태어나면 치열한 경쟁이 우리를 기다리고 있어요. 경쟁에서 밀려나 실패하고 좌절을 겪게 될 사건들투성이죠. 하지만 놓치지 말아야 할 사실이 있어요. 우리는 3억 대 1의 경쟁을 뚫고 최종 선발된 1인이라는 거예요. 최후의 승자이고 존재 자체만으로 놀라운 기적이지요.

최후의 1인이 된 정자는 난자를 만나 수정란이 되고 단세포가 됩니다. 단세포는 세포 분열을 시작하는데 세포 2개가 4개로, 4개가 8개로, 8개가 다시 16개로 나뉘는 식으로 계속 분화하고 크기가 커지고 복잡해져요. 수정란이 되고 몇 주가 지나면 우리는 달걀 속에서 형체를 갖추어 가는 병아리와 비슷한 모습이 되지요.

이제 서서히 인간의 모습이 나타나기 시작해요. 몸 안에 장기가 자라고 눈, 코, 입이 생겨요. 뇌, 심장, 폐, 뼈, 근육 이 모든 신체 부위가 사실은 하나의 수정란에서 시작되어 세포 분열로 생겨난 거예요. 놀라운 일이죠. 세포들이 정해진 때에 지시된 위치로 움직이고 척척 자라나는 장면은 우주의 신비리고 힐 만해요.

작고 가냘픈 생명은 어느새 사람의 모습을 두루 갖추어요. 얼굴 모습이 또렷해지면서 엄마 아빠의 모습이 나타나요. 엄마 배 속에서 웅크린 채 하품도 하고 발장난도 치고 바깥세상의 소리에 귀를 기울이기도 하지요. 이제 눈을 꼭 감고 손을 꽉 쥔 채 세상에 나갈 준비를 마쳤어요. 엄마는 반나절 혹은 하루가 넘게 진통을 겪어요. 아기를 사랑하는 마음이 아니면 참기 힘든 고통이에요. 기억은 못 하겠지만, 우리도 엄마의 산도를 빠져나와 세상의 빛을 보기까지 안간힘을 쓰며 고생했어요.

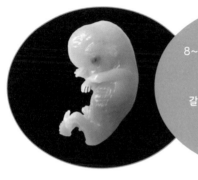

8~9주 정도 자란 인간의 태아.
길이는 38mm예요.
손가락, 발가락, 눈,
갈비뼈까지 선명하게 보여요.
생명의 신비를 보여 주는
한 컷이에요.

처음 본 세상은 눈을 찌르는 빛과 한 번도 못 느껴 본 쌀쌀함으로 가득해요. 마음을 달래 주던 엄마의 심장 박동 소리 대신 차갑고 무심한 소음이 들려요. 앙앙 울어 버릴 수밖에 없죠. 이렇게 우리는 지구 위에 살아가는 70억 인류 가운데 하나가 되었어요.

이제 새로 적응하고 배우고 익혀야 할 것들이 너무 많아요. 세상의 빛과 색깔에 익숙해지고 소리를 구분하는 연습을 해야 해요. 엄마 젖이나 우유를 소화하는 법에도 익숙해져야 하고요. 딸랑이를 손에 쥐기까지 얼마나 고된 연습을 해야 하는지 몰라요. 몸을 뒤집는 것은 손발을 꼼지락거리는 것과는 비교할 수 없이 어렵죠. 땀을 뻘뻘 흘린 끝에 뒤집기에 성공했어요. 이제야 세상이 제대로 보이기 시작합니다.

　세상에 태어나 사계절을 보내고 나면 대부분 첫걸음 떼기에 도전해요. 두 발로 걷는 직립보행이야말로 인간의 독특한 특징이죠. 걷는 것만으로도 갈채박수를 받던 시절을 지나고 이제 세상을 본격적으로 탐색하기 시작해요. 가족을 시작으로 많은 사람들을 만나고 다양한 경험을 하게 되지요. 좀 더 자라면, 나는 누구일까 스스로 묻게 돼요. 머리에는 수없이 다양한 생각과 감정이 들어차고요. 살아가는 의미와 목적이 무엇인지 제법 심각한 고민에 빠지기도 하죠. 그리고 과거와 현재의 모든 인류가 던져 온 질문, '나라는 생명은 어떻게 시작됐고 어디로 갈까?'라는 생각에 이르면 머릿속은 엉킨 실타래처럼 복잡해지지요. 최후의 1인 여러분, 지금부터 생명에 관한 여러 생각의 문을 함께 두드리고 열어 보며 엉킨 실타래를 천천히 풀어 보기로 해요.

# 생명은
# 왜
# 소중할까?

　'생명'은 살아 숨 쉬고 변화하고 외부와 소통하고 반응할 줄 아는 존재들을 일컫는 말이에요. 사람, 당나귀, 달팽이, 사과나무, 호박꽃은 바깥의 에너지를 통해 호흡하고 영양분을 얻어요. 몸이 자라고 병들거나 낫기도 하고 번식을 하죠. 무생물인 돌멩이는 따라 할 수 없는 생명이 있는 존재들만의 특징이에요.

　세상은 생명으로 가득 차 있어요. 화성이 거칠고 쓸쓸해 보이는 건 그곳에 생명이 없기 때문이에요(어딘가에 존재하고 있을지도 모르지만 아직 의미 있는 증거가 발견되지는 않았어요). 더 넓은 우주까지는 모르겠지만, 적어도 태양계에서 생명이 있는 유일한 행성으로 알려진 지구는 생명의 전시장이에요. 눈에 보이지 않는 박테리아부터 몸길이가 30미터가 넘는 대왕고래까지, 하늘과 땅과 바다를 누비는 수백만 가지의 생물들이 있어요. 이런 것을 두고 '생물다양성'이라고 이야기해요.

생물다양성은 생태계를 나타내는 특징 가운데 하나예요. 과학자들이 아직 발견하지 못한 생물이 수십만 종이라고 할 정도로 그 종류는 어마어마합니다. 이 다양한 종들은 인간의 눈길과 손길이 닿지 않는 구석구석에 숨어서 열심히 살아가요. 같은 종이어도 색깔과 모양은 다 다릅니다.

오늘날 유전공학, 생명공학, 인체공학은 엄청난 속도로 발전하고 있어요. 인간의 유전자 정보를 몽땅 분석해 놓을 정도지요. 하지만 최신 과학 기술을 아무리 끌어모아도 우리는 송사리 한 마리, 새싹 하나 만들지 못해요. 생명 현상을 둘러싼 신비는 아무리 풀어도 끝이 없고, 특별히 생명을 창조하는 것은 인간의 영역 저 너머에 있어요.

공상과학 영화에서는 인간이나 다름없는 인공지능 로봇이 등장해요. 이 로봇은 자의식이 있고 스스로 생각하기도 해요. 그래서 인간들에게 대항해 반란이나 전쟁을 일으키기도 합니다. 하지만 영화 속 상상일 뿐이죠. 로봇에게는 생명이 없어요. 로봇을 망가뜨렸다면 속상하기는 하겠지만 양심의 가책을 느낄 일은 없어요. 로봇은 공장에서 또 찍어 내면 되거든요.

하지만 생명이라는 것은 공장에서 로봇이나 도넛을 찍어 내듯 만들 수 없어요. 그중에서도 인간의 생명은 다른 무엇으로도 대체할 수 없어요. 각 사람은 우주에서 단 하나뿐인 정말 특별한 존재입니다. 그래서 우리는 사람에게 '고귀한 생명'이라는 말을 써요. 생명의 가치와 맞바꿀 수 있는 것은 없지요. 사회와 국가는 생명을 지키고 보호하는 일에 가장 큰 가치를 두고, 법은 남의 생명을 해친 사람에게 가장 무거운 형벌을 내립니다.

## 시계,
## 우주선,
## 그리고 인간

"엄마, 나는 어떻게 태어났어요?" 이것은 유치원생들의 단골 질문이에요. 엄마 아빠들은 이 질문에 어떻게 답변해야 할지 고민이 아주 많답니다. 답을 몰라서가 아니라 어디서부터 어디까지, 어떤 표현을 써서 가르쳐 주어야 할지 생각이 복잡해지기 때문이에요. 청소년기가 되면 한층 더 깊이 있는 질문을 던지게 돼요. "우리 인류는 어디서 왔을까? 생명은 어떻게 시작되었을까?" 물론 자주 이런 생각을 하는 사람은 많지 않겠지만 우리는 언젠가 이런 질문을 던지게 될 순간을 꼭 만나게 됩니다.

생명의 기원에 관해 가장 잘 알려진 두 가지 주장은 이렇습니다. 생명은 창조된 것이다 vs. 생명은 우연히 생겨나 진화한 것이다. 초등학생부터 생명공학을 연구하는 과학자까지 둘 중 한 가지 입장에 서게 되지요. 물론 '난 아직 모르겠다. 알고 싶지도 않다. 오늘 저녁 메뉴가 궁금할 뿐…'이라면서 답변을 미룰 수도 있을 거예요. 그렇다면 지금부터 다양한 입장에 대해 알려 줄 테니 자신만의 생각을 정리해 보기로 해요.

먼저, 신 또는 지적인 존재가 생명을 창조했다는 주장부터 살펴볼게요. 19세기 영국 옥스퍼드대학교 교수였던 새뮤얼 윌버포스는 이렇게 말했어요. "자연에는 '디자인'이 있다. 그러므로 디자이너가 있어야 한다." 그의 주장을 뒷받침하는 이야기가 있는데, 사막에 돌멩이 하나가 툭 떨어져 있다고 가정해 봅시다. 많은 사람들은 그 돌멩이가 처음부터 쭉 거기 있었다고 말할 거예요. 그런데 사막에 시계가 떨어져 있다면요? 시계가 우연히 생겨나서 거기에 놓여 있다는 의견보다는 시계공이 만들었다는 의견이 설득력이 있을 거예요.

이번에는 시계보다 훨씬 더 복잡하고 정교한 자동차(부품 3만 개), 제트여객기(부품 300만 개), 우주선(부품 500만 개)이 사막에 떨어져 있다고 가정해 봅시다. 이것들이 우연히 생겼다고 믿을 사람은 없을 거예요. 창조론의 편에 서는 사람들은 같은 맥락에서, 우주선보다 훨씬 더 복잡한 인간이 우연히 만들어졌을 리가 없다고 생각해요.

시계공 이야기를 이어받은 것이 '지적설계론'이에요. "살아 있는 생물이 얼마나 복잡한지 생각해 보자. 인간이나 호랑이까지 갈 것도 없이 짚신벌레나 아메바를 보더라도 그렇다. 생명은 지적인 존재가 설계한 것이 틀림없다." 이렇게 주장하는 것이지

모든 것의 처음은 어떻게
시작되었을까요?
시계공이 있어야 시계가
만들어지듯 생명도 누군가
만든 이가 있는 걸까요?

요. 인간 세포의 수는 과학자마다 의견이 다른데 적게는 30조 개, 많게는 50조 개 이상까지 보기도 해요. 이 각각의 세포를 만들기 위해서는 엄청나게 많은 단백질 분자들이 한 치의 어긋남 없이 올바른 순서로 배열되어야 해요. 우리의 모든 유전적 정보를 담고 있는 암호인 인간 게놈 전체를 적어서 출력하면 A4 용지 67만 페이지 정도가 된다고 하죠. 우연의 산물로 보기에는 인간이 너무나 정교하다는 것이 지적설계론을 지지하는 사람들의 입장이에요.

하지만 진화론자인 토머스 헉슬리는 다르게 생각해요. '인스턴트 카레를 만들듯이 인간이 3분 만에 원숭이로 진화하지는 않았겠지. 하지만 수십억 년의 시간이 흘렀다고 가정하면 가능하다.' 시간이 오래 켜켜이 쌓이면 우연히 생명이 탄생하는 것도 가능하다고 믿는 것이지요.

진화론자들의 주장은 이러합니다. 우리가 상상할 수 없는 오랜 옛날, 우주에 대폭발이 일어났어요. 이후 우주의 별들이 탄생하며 회전했어요. 참고로 별들은 인간의 신체를 이루는 탄소, 산소, 수소 같은 성분을 품고 있지요. 그리고 약 45억 년 전 지구가 생겨났어요. 당시 지구에는 세포를 만드는 데 필요한 성분이 섞인 '원시 수프'라는 게 있었어요. 여기에는 우리가 먹는 수프 못지않게 이런저런 좋은 성분이 들어 있었던 것 같아요. 이 수프에 햇빛이 비추자 최초의 세포 한 개가 우연히 조립되었어요. 그리고 아주 단순한 생명체부터 시작해 진화를 거듭하다가 마침내 인류가 생겨난 것이죠. 원시 수프에 대해서는 과학자들 사이에서도 다양한 의견들이 있고 이 가설을 뒤집는 연구들도 발표되고 있어요.

위의 두 가지 주장은 지난 200년 가까이 서로 충돌하며 논쟁하고 있어요. 여러분의 생각은 어떤가요? 어떤 사람은 '짬뽕이냐 짜장이냐' 메뉴를 고르듯 마음의 갈등을 겪기도 하고, 고민 끝에 이 생각에서 저 생각으로 갈아타는 사람도 있을 거예요. 당장 결론을 내리지 못해도 괜찮아요. 자신의 생각을 정리하고 가다듬어 보는 게 중요하거든요. 우리 존재의 기원은 인간이라면 누구나 생각해 봐야 할 가치가 있는 고민거리입니다.

## 따끈한 피자
## vs.
## 사람의 목숨

그 기원이 어떠하든 인간의 생명은 특별하고 고귀합니다. 누구도 부인하지 않는 사실이에요. 그런데 역사책을 몇 장만 열어 보면 온갖 질병, 전쟁, 학살로 사람들의 생명이 짓밟히고 사그라진 장면들을 보게 됩니다.

전쟁터만큼 인간의 생명이 휴지 조각처럼 버려지는 곳은 없어요. 언덕 하나를 뺏기 위해 하룻밤 사이 수백 명의 군인이 죽고, 도시나 섬 하나를 점령하느라 수만 명이 전사하는 게 당연하게 여겨졌어요. 그래도 옛날에는 경기장 안에서 축구를 하듯 제한된 전쟁터 안에서만 전쟁을 벌었어요. 하지만 폭격기, 미사일 같은 무기가 발명되면서 전쟁이 일어나면 장소를 불문하고 엄청난 수의 민간인들이 학살당했어요.

인류 역사상 사상자가 가장 많이 발생한 전쟁은 2차 세계대전입니다. 군인과 민간인을 합쳐 7천만 명 이상이 목숨을 잃었어요. 한국전쟁의 사망자는 5백만 명이 넘고요. 단 한 명이 사고로 사망해도 큰일인데 백만, 천만 단위의 사람이 죽는다는 건 상상하기 어려워요. 우리가 알던 세상이 맞나 하는 생각이 들 정도로 생명의 존엄성이 자취를 감춘 세계예요.

전쟁 같은 극단적인 상황이 아니라 해도 우리 주변에는 늘 죽음의 그늘이 깔려 있어요. "오늘도 3명이 퇴근하지 못했다" 2019년 11월 21일 〈경향신문〉 1면에는 이러한 문장과 함께 1200명의 이름이 실렸어요. 2018년 1월부터 2019년 9월까지 산업재해로 목숨을 잃은 분들의 이름이었어요.

그전까지 우리나라에서 산업재해로 목숨을 잃는 사람이 하루에 3명이나 된다는 사실을 아는 사람은 많지 않았어요. 신문에 실린 이름들은 신문 한 면을 빼곡히 채울 정도로 많았어요.

"사람들이 날마다 우수수우수수 낙엽처럼 떨어져서 땅바닥에 부딪쳐 으깨진다." 김훈 작가는 노동자들의 죽음에 대해 이렇게 썼어요. 우리나라는 경제협력개발기구(OECD) 국가들 중 산업재해 사망률 1위예요.

가슴 아픈 비극들 중에 김용균 청년의 이야기가 있어요. 이 24살의 청년은 태안화력발전소 석탄 운송 컨베이어벨트에 몸이 끼어 세상을 떠났어요. 사람들이 그의 죽음을 슬퍼하고 새로운 법을 만드는 동안에도 노동자들은 건설 현장에서 추락하고, 맨홀 청소를 하다가 질식하고, 지게차에 깔리고, 분쇄기계에 몸이 잘려 죽고 있어요.

많은 사람들이 반복되는 산업재해 사망에 분노하는 이유는 분명해요. 상당수는 막을 수 있는 죽음이었기 때문이에요. 어떤 회사는 안전 장비나 절차에 돈과 시간을 투자하는 대신 물건을 빨리 만들거나 공사를 서둘러 끝내서 더 큰 이익을 내고 싶어 해요. 사람 목숨이 기계 값보다 싸고, 생명과 안전을 지키는 데 돈을 쓰기보다 이윤을 내는 게 더 중요하다고 생각하는 것이죠.

2010년, 피자 업체들은 '30분 배달제'를 시행했어요. 30분 안에 배달이 안 되면 피자가 공짜였어요. 30분 안에 배달하지 못했을 때 배달원이 피자 값을 무는 경우도 있었다고 해요. 이 때문에 과속을 하다가 교통사고로 세상을 떠나는 젊은 배달원들이 생겨났어요. '따끈한 피자를 먹겠다고 치른 대가가 젊은이들의 목숨이었다니…' 충격과 분노를 느낀 사람들이 목소리를 높였고 결국 30분 배달제는 폐지되었어요. 하지만 지금도 여러 모양으로 30분 배달제가 부활되고 있어요. 코로나19의 여파로 배달 물량이 늘어나면서 너도나도 이 전쟁에 끼어들고 있습니다. 기업과 소비자 모두 30분이라는 시간과 사람의 생명, 어떤 것이 더 소중한지를 깊이 고민하는 시간이 필요해 보입니다.

"생명보다 소중한 가치는 없다." 매일 2~3명의 노동자들이 산업 재해로 세상을 떠나는 우리나라에서 많은 이들이 목소리를 높이고 있어요. 노동자의 생명과 안전을 경시하는 세상을 바꾸

광염(狂焰)에 청년이 사그라졌다.

그 쇳물은 쓰지 마라.


자동차를 만들지도 말 것이며


가로등도 만들지 말 것이며

철근도 만들자 말 것이며

못을 만들지도 말 것이며

바늘도 만들지 마라.


— 『그 쇳물 쓰지 마라』 제페토 글


2010년 당진의 한 철강업체에서 일하던 20대 청년이
섭씨 1,600도가 넘는 쇳물이 담긴 전기 용광로에 빠져
흔적도 없이 사라진 끔찍한 사고가 있었어요.
그 사건을 접한 제페토라는 네티즌이 추모하며 쓴 시가
많은 이들의 마음을 울렸지요.

고자 나선 것이죠.

산업재해로 세상을 떠난 사람들은 2062명 (2020년 산업재해 사망자)이라는 무덤덤한 통계 숫자 중의 하나가 아니에요. 소중한 아들, 딸, 남편 또는 아내, 아빠와 엄마, 누군가의 단짝 친구예요. 또 눈빛이 다정하고 마음은 더 다정한 사람, 미소가 예쁜 사람이에요.

사람의 목숨은 어떤 상황에서도 기업의 이윤보다 앞에 있어야 해요. 우리 모두 이 사실을 마음 깊이 새기고 세상을 바라봐야겠습니다.

## 인간은
## 특별할까?

인간은 특별한 존재일까요? 적어도 지구에서 인간의 위치는 특별해 보여요. 스스로를 지구상의 모든 것을 다스리는 만물의 영장이라고 부르니까요.

독일 철학자 니체는 인간을 신과 동물 사이의 중간적 존재라고 했어요. 우리 자신을 가만히 들여다보면 알아차릴 수 있는 사실이에요. 인간에겐 영혼과 몸이 있어요. 인간의 몸을 뜯어보면 돼지와 크게 다르지 않은 동물적인 본능으로 가득해요. 하지만 인간의 정신과 영혼을 들여다보면 특별한 지능, 상상력, 도덕성이 있어요. 이 부분에 대해 구체적으로 살펴봅시다.

우선 해부학적으로 인간과 동물은 큰 차이가 없어요. 생명체는 하나의 세포로 시작되어요. 세포 분열을 거쳐 배아가 된 모습만 보면 누가 지킨이 되고, 누가 위대한 물리학자가 될지 구분하기 어려워요. 사람이나 닭이나 배아의 모양은 비슷하거든요. 인간과 침팬지의 유전자는 98% 정도 일치해요. 침팬지는 그나마 사람과 비슷한 면이 있으니 이해해요. 하지만 인간 유전자가 쥐와 90%, 초파리와 60%나 일치한다는 사실은 정말 뜻밖의 이야기죠.

　많은 과학자들은 인간이 별에서 시작되었다고 생각해요. 지구상의 모든 생명체가 수소, 산소, 탄소 같은 우주의 원소와 별먼지로 만들어졌기 때문이죠. 생명체, 그중에서도 포유류의 신체를 구성하는 재료가 비슷하다면 사람이나 닭이나 생쥐가 유전적으로 비슷한 것은 너무나 당연한 일입니다.

　우리의 몸은 소중해요. 몸은 우리 존재를 담고 있는 그릇이죠. 그렇지만 진정한 나는 누구일까 곰곰이 생각해 보면 몸 그 이상이에요. '내 팔과 다리가 잘려도 나는 나일까?' 그렇죠. 변함없는 나 자신이죠.

　레나 마리아라는 사람에 대해 들어 본 적이 있나요? 레나 마리아는 1968년 스웨덴에서 두 팔이 없고 한쪽 다리는 짧은 상태로 태어났어요. 이러한 중증 장애를 지닌 채 레나는 스웨덴 장애인 수영 국가대표로 금메달을 여러 개 따냈고, 지금은 전 세계를 다니며 가수로 활동하고 있어요. 몸에 어떤 문제가 있다고 해서 레나 마리아가 75%나 85%만 존재하는 것은 아니에요. 그 자체로 완전하고 더할 나위 없이 아름다운 존재이죠.

　우리 몸 안의 세포는 끊임없이 죽고 살아나기를 반복해요.

7년 정도 지나면 우리 몸 안의 모든 세포가 새롭게 교체된다고 해요. 세포가 100% 다 교체되고 나면 나는 더 이상 내가 아닐까요? 세포가 통째로 수십 번 교체되어도 나는 변함없는 나예요.

그런데 몸만으로는 내가 누구인지 다 설명할 수 없어요. 인간은 동물에게는 없는 여러 특성들을 지니고 있어요. 그 첫 번째는 '자의식'이에요. 자의식은 아주 쉽게 말해서, '자기 자신에 대해 아는 일'이라고 할 수 있어요. '나는 언제부터 나였을까?' '나는 왜 쟤가 아니고 나일까?' '다른 사람들은 나를 어떻게 볼까?' 이런 자의식 때문에 우리는 자신에 대해 탐색하고 반성할 줄 알아요. 동물 중에 가장 지능이 뛰어난 침팬지나 보노보도 이러한 자의식을 갖고 있지는 않아요. 물론 자의식의 의미를 좁게 한정하면 동물도 자의식이 있다고 말할 수 있어요. 인간처럼 고차원의 정신까진 아니더라도 동물도 자신을 알아보고 자신의 느낌이나 욕구를 파악할 수 있어요. 어떤 학자들은 '거울 실험'을 통해 동물의 자의식을 증명하려고 시도했어요. 침팬지, 돌고래, 코끼리같이 지능이 높은 동물들은 거울에 비친 모습을 자신으로 인식하는데, 이것을 자의식의 증거로 보는 것이죠.

로봇이 발전을 거듭하면 결국 자의식을 획득할 거라고 보는 사람도 있어요. 그들이 상상하는 휴머노이드 로봇은 인간과 구분이 안 될 정도예요. 정말 사람처럼 삐치거나 질투를 느끼기도 하지요. '왜 나는 사람이 될 수 없는 걸까?'라는 고민에 빠지기도 하고요.

　하지만 아직 자의식이 있는 인공지능 로봇은 존재하지 않아요. 인공지능이 보여 주는 뛰어난 계산, 추측, 학습 능력은 인간의 두뇌를 흉내 낸 것이지 인공지능 고유의 특성은 아닙니다.

　인간의 특별해 보이는 점은 이뿐만이 아니에요. 다음 장에서 계속 살펴봅시다.

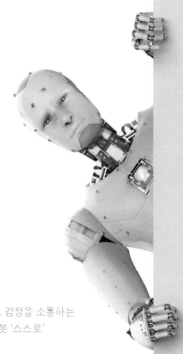

AI는 어디까지 발전하게 될까요?
영화에서처럼 인간과 AI가 사랑에 빠지고 감정을 소통하는
날이 올지도 모르겠어요. 하지만 AI나 로봇 '스스로'
고유한 종이 될 수는 없을 거예요.

# 인간은
# 복잡하게 설계된
# 기계 장치일까?

인간은 이성적이고 고차원적인 생각을 할 줄 알아요. 우주와 자연의 질서는 합리적이고 수학적이에요. 인간은 그 비밀을 아주 조금씩 밝혀내고 증명하고 있지요. 그런 지식을 바탕으로 세상에 필요한 기술과 도구들을 만들어 내요. 인간이 지닌 능력의 비밀은 바로 이러한 높은 차원의 생각을 할 수 있는 힘에 있어요.

어린아이들은 소꿉놀이를 하면서 인형을 살아 있는 존재처럼 대하고 잎사귀와 자갈돌을 음식인 듯 떠먹이는 시늉을 해요. 또 "나는 엄마 할게, 너는 아빠 해" 하는 식으로 역할놀이를 하지요. 그저 소꿉장난에 불과해 보이지만 눈앞에 보이지 않는 것을 상상하고 추측하고 가정하는 능력을 보여 주는 행동이에요.

인간은 자연 속에서 아름다움을 알아보고 감탄할 줄 알아요. 그리고 음악, 그림, 조각, 문학, 무용 같은 예술로 그런 아름다움을 다시 창조해 낼 줄 알아요. 또 스스로 창조하지 못하더라도 최소한 그런 예술의 아름다움을 느끼고 즐길 줄 알지요. 인간의 정신세계에서만 일어나는 일이죠.

또 인간에게는 도덕과 양심이라는 것이 있어요. 중국 사상가 노자의 말처럼 인간이라면 누구나 물에 빠진 아이를 구하려는 마음이 있어요. 아이를 구하는 것이 옳은지 그른지 따지거나 고민하지 않죠. 누가 그렇게 시키거나 가르쳐 준 것도 아니에요. 아이를 구하는 것이 왜 옳으냐고 물으면 "옳으니까 옳지"라는 대답 외에 덧붙일 말이 없어요. 다른 한편으로, 인간은 양심에 어긋난 행동을 할 때 두려움과 죄의식을 느껴요. 이러한 마음을 바탕으로 종교를 믿기도 하고요.

하지만 인간이 그렇게 특별할 게 없다고 주장하는 사람도 있어요. 영국의 교수이자 생물학자 리처드 도킨스가 보기에 인간은 몸과 마음이 복잡하게 설계된 기계 장치일 뿐이에요. 우리는 그저 우연히 생겨났어요. 영혼 같은 것은 없어요. 우리의 마음과 정신은 대단한 것이 아니라 화학적이고 기계적인 물질 작용을 할 뿐이에요. 냉장고나 스마트폰에 반도체 칩과 전자회로가 있는 것처럼 인간에게는 두뇌와 신경이 있어요. 소장과 대장이 똥을 만들 듯 뇌는 생각과 마음을 만들고요.

인간에 대한 생각은 이렇게 첨예하게 갈려요. 한편에서는 인간이 동물과 아무런 차이가 없고 기계 장치나 다를 것 없다고 말해요. 다른 한편에서는 인간이 아주 고차원적인 정신 능력과 영혼을 담고 있는 존재라고 믿어요.

앞에서 던졌던 질문으로 돌아가 봅시다. 인간은 다른 존재와 구별되는 특별한 존재일까요? 여러분의 생각이 매우 궁금해집니다. 조금 어렵더라도, 자신과 다른 이들을 찬찬히 들여다보고 생각을 정리해 보면 좋겠어요. 다음 장부터는 동물의 생명에 대해 살펴보기로 합시다.

## 내 친구
## 깐돌이의
## 결말

　유럽과 미국 사람들에게 한국은 '개고기를 먹는 나라'로 알려져 있어요. 쌀밥이나 김치처럼 주식도 아니고 일부 사람들만 먹는데 과장된 면이 있죠. "개는 가족인데, 어떻게 가족을 잡아먹죠?" 많은 이들은 개를 먹는 식습관을 두고 상상할 수 없을 만큼 야만적이라고 말해요. 그렇지만 또 여러 한국인들은 개고기 먹는 것을 문화와 전통으로 인정해 주어야 한다고 주장해요. 그리고 집에서 가족의 일원인 개와 개 농장에서 식용으로 키우는 개는 분명히 구분되어 있다고 덧붙이죠.

　과거에 한국에서는 소나 닭을 키우듯 마당에 개를 풀어 놓고 키우다가 잡아먹곤 했어요. 가족이 아니라 가축인 것이죠. 하지만 개고기를 '전통 음식'이라고 주장한다 해도 개를 잡는 방식이 잔인한 것은 분명 심각한 문제였어요. 1980년대만 해도 어떤 사람들은 살아 있는 개를 기둥이나 굵은 나뭇가지에 매달아 놓고 몽둥이로 때려잡았어요. 그렇게 해야 고기 맛이 좋다는 이유로요. 개를 생명이 아니라 '식품'으로 여긴 것이죠.

열 살 때쯤 나는 아버지가 얻어 온 강아지를 키운 적이 있어요. 나는 강아지를 안아 보고 '깐돌이'라는 이름을 지어 불렀어요. 학교 다녀오면 깐돌이를 안고 차가운 콧잔등을 부비던 게 생각나요. 할아버지쯤에 진돗개의 피가 섞여서인지 꽤 영리한 강아지였어요. "얘는 그냥 똥개가 아냐." 동네 아이들이 듣는 둥 마는 둥 해도 이렇게 자랑하고 다녔어요. 학교 갈 때 빼고는 착 달라붙어서 떨어지지 않는 소중한 친구였죠. 어느 날 깐돌이는 이모부의 오토바이에 실려 갔어요. 울며 매달리는 나에게 엄마는 하루가 다르게 크는 깐돌이한테는 우리 마당이 너무 좁다고 했어요.

깐돌이는 이모네 마당에서 덩치 크고 늠름한 개로 자라났어요. 우렁차게 짖었고 나를 알아보고 꼬리를 흔들었어요. 목줄을 차고 있어서 불쌍하다는 생각이 들었죠. 어느 날 이모부는 친척들을 저녁 식사에 초대했어요. 깐돌이는 칼칼한 국물에 들깨가루를 친 탕과 부추를 곁들인 수육이 되어 있었어요.

요즘에 이렇게 한다면 비난을 받을 거예요. 개나 고양이를 학대하는 장면을 유튜브에서 보여 주다가 동물보호법 위반으로 처벌 받는 사람들이 종종 있어요. 개나 고양이를 동생이나 자식처럼 여기는 사람들이 보기에 그런 행동은 사람을 괴롭히고 죽이는 것과 다를 바가 없어요.

그렇다면 돼지는 어떨까요? 개고기 먹는 것을 비난하는 사람들도 돼지고기를 먹는 것에 대해서는 같은 잣대를 대지 않는 경우가 많아요. 돼지는 가축이라고 생각하기 때문이죠. 돼지가 어떤 환경에서 살아가고 죽는지 살펴보면서 생명의 가치에 대해 함께 생각해 보기로 해요.

## 돼지를 대하는 우리의 자세

"저녁에 삼겹살 구워 먹을 거니까 집에 일찍 들어와." 엄마의 메시지를 받으면 벌써부터 군침이 돌아요. 자글자글한 기름이 혀에 감기고 씹을수록 입안 가득 고소함이 퍼지죠. 그렇다면 돼지는 그저 가축이고 식품일 뿐일까요?

돼지에 대해 우리가 잘 모르는 사실이 있어요. 『동물 해방』이란 책을 쓴 철학 교수 피터 싱어에 따르면 돼지는 애정을 간절히 바라는 동물이라고 해요. 개가 꼬리를 흔들며 주인의 손을 핥고 고양이가 그르렁거리듯 돼지도 다른 돼지나 사람의 관심과 사랑을 바란다는 거예요.

돼지는 꽤 영리하기도 해요. 훈련받은 돼지는 사람의 지시에 맞추어 여러 가지 동작을 할 줄 알아요. 〈TV 동물농장〉에 '천재 돼지 복남이'가 소개되어 사람들의 눈길을 끈 적이 있어요. 복남이는 강아지 뺨치는 애교와 지능을 뽐내는 아기 돼지예요. 조지 오웰의 소설『동물농장』에서 농장 주인을 쫓아낸 후 농장의 지배자가 되는 것도 돼지들이죠. 조지 오웰은 소설을 쓰기 전에 실제로 동물들을 관찰하면서 돼지가 얼마나 똑똑한지 알게 되었다고 해요. 이처럼 똑똑하고 개성이 강한 돼지들이지만 대부분의 인간에게는 그저 식품일 뿐이에요.

돼지들은 너무 비좁아 몸을 돌릴 수도 없는 축사에서 살아가요. 사람들은 보통 '돼지처럼 더럽게 먹는다'라고 말하죠? 돼지 입장에서는 억울한 말이에요. 더러운 환경에 가두어 놓고 더러운 동물이라고 하니까요. 돼지는 본래 진흙에서 뒹굴고 활동하는 것을 좋아해요. 몸에 달라붙은 벌레나 기생충을 떼어 내고 체온을 낮추려는 행동이죠. 똥이 뒹구는 좁은 축사에 갇혀 있으니 당연히 몸이 더러워질 수밖에 없습니다.

사람에게 걸맞지 않은 대우를 할 때 우리는 '비인간적'이란 말을 써요. 마찬가지로, 좁고 더러운 축사를 '비돼지적'인 환경이라고 말할 수 있겠지요. 이런 곳에서 돼지들은 겨우 6개월을 살고 도축장으로 끌려간답니다.

닭이 자라는 환경 역시 비참하기 짝이 없어요. 닭은 넓은 뜰을 돌아다니며 땅을 파헤쳐 지렁이도 잡아먹고 햇볕을 쬐고 다른 닭들과 토닥거리며 살아야 해요. 하지만 21세기 닭들에게 허락된 것은 비좁은 닭장이에요. A4 용지의 절반 정도 되는 공간에서 겨우겨우 살아가죠. 부리로 털을 고르지 못하기 때문에 그 스

우리는 동물들이 어떤 환경에서 자라는지 알아야 하고
이 부분에 대해 자신의 생각을 정리할 수 있어야 해요.
이대로 정말 괜찮을까요?

트레스로 다른 닭을 공격하기도 해요. 그래서 태어나면 일주일 안에 부리의 3분의 1을 잘라요. 이렇게 수천, 수만 마리의 닭을 공장식 사육장에서 키워요. 밤새 모이를 쪼아 먹어 몸을 불리고 알을 낳는 것이 사육장 닭의 일과예요. 닭은 좁디좁은 철장 안에서 괴로운 삶을 살다가 죽습니다. 그리고 우리는 그 닭을 먹지요.

닭의 수명은 7년 정도 돼요. 하지만 우리 식탁에 오르는 닭들은 부화한 후 4~6주가 채 지나기 전에 도살된 것들이에요. 그저 잡아먹히기 위해 태어나는 존재들인 기죠. 하지만 닭의 일생은 원래 그렇지 않답니다. 닭은 알을 낳으면 부화할 때까지 3주 정도를 품고 있어요. 부화한 병아리 떼들은 엄마 닭을 따라다녀요. 엄마 닭은 더운 여름날 날개를 펴서 병아리들을 날개 그늘에서 놀게 하지요. 살쾡이가 나타나면 날개를 퍼덕이고 부리로 쪼아대며 새끼 병아리를 지켜 냅니다. 닭날개는 매콤달콤한 핫윙이 아니라 사실은 모성애의 상징이에요.

많은 이들은 돼지나 닭을 고기를 주고 알을 낳는 '도구'로만 여겨요. 그런 태도에 반대해 고기를 아예 먹지 않는 동물보호주의자들도 있어요. 그렇다고 삼겹살이나 프라이드치킨을 먹는 게 비난 받을 일이거나 나쁜 일은 아니라고 생각해요. 동물 사랑과 고기 사랑이 반드시 충돌하는 가치도 아니고요. 소시지를 먹지만 돼지를 아낄 수 있죠. 돼지고기를 먹는 것이나 먹지 않기로 한 것이나 모두 똑같이 존중받아야 해요. 기억해야 할 것은 개나 고양이와 마찬가지로 돼지와 닭 역시 고통을 주고 학대하는 방식으로 키워서는 안 된다는 것입니다. '생명'이 있는 존재이기 때문이지요.

17세기 프랑스 철학자 데카르트는 "동물은 고통을 느끼지 않는다. 기계나 마찬가지다"라고 말했어요. 그것이 사실이 아니라는 것을 우리는 잘 알고 있어요. 데카르트는 허리를 걷어차여 '깨갱' 하는 강아지를 한 번도 못 본 것일까요? 유명한 철학자의 말이라고 꼭 믿을 만한 것은 아닌가 봅니다. 소나 강아지의 눈망울만 보아도 우리는 동물도 고통을 느끼고 또 그런 동물에게 고통을 주는 행동이 잘못된 것임을 알 수 있어요.

피터 싱어는 "동물도 인간처럼 고통을 느끼는 존재"라고 했어요. 꼭 대학 교수가 짚어 주지 않아도 알 수 있는 내용이죠. 아픔과 고통을 느낀다는 점에서 인간과 동물은 아무런 차이가 없어요. 우리가 고통 받는 것이 싫다면 동물에게도 고통을 주어서는 안 돼요.

동물은 고통뿐 아니라 감정도 느끼는 존재예요. 동물은 말을 하지 못하니 감정도 못 느낀다고 생각하는 사람이 있어요. 하지만 하루 종일 혼자 외로웠던 강아지가 저녁에 주인을 반기며 펄쩍펄쩍 뛰는 것이 감정이 아니라면 무엇일까요? 도축장으로 들어가지 않으려고 안간힘을 쓰며 울부짖는 소와 쥐덫에 갇혀 발버둥 치는 생쥐가 겪는 고통은 어떤가요? 인간이 느끼는 기쁨이나 두려움과 크게 다르지 않을 것입니다.

물론 동물이 인간만큼 풍부하고 다양한 내면세계를 지니고 있진 않을 거예요. 하지만 고통과 감정을 느낀다는 면에서는 인간과 다를 것이 없어요. 그런 점에서 동물이 존중받아야 할 생명이라는 사실은 더욱 분명해져요. 동물을 고기, 젖, 가죽, 털을 주는 도구로만 여겨서는 안 됩니다. 존재 자체로 분명한 가치가 있고 존중받아야 하죠. 피터 싱어는 이렇게 말했어요. "동물은 인간 행복의 도구로서가 아니라 스스로 존재할 권리가 있다." 이 말의 의미를 좀 더 구체적으로 살펴보기로 해요.

# 동물이 아프면
# 사람도 아프다

동물이 아프면 동물만의 문제로 끝날까요? 그 동물을 먹는 사람도 병들 수 있어요. 사람이 아픈 것도 챙기기 힘든데 동물까지 어떻게 챙기냐고요? 하지만 우리는 명심해야 합니다. 동물을 함부로 다루어 병들게 한다면 그 대가는 사람에게 그대로 돌아온다는 사실을요.

축산업자 입장에서는 더 적은 비용으로 더 많은 고기를 생산해야 큰 이익을 얻어요. 그러다 보니 많은 동물들은 너무 좁아서 터질 것 같은 공간에서 살아요. 때로 아주 이상한 먹이를 먹기도 하고요. 비좁고 더러운 환경에서 자란 동물들은 쉽게 병이 들고, 그렇게 생긴 동물의 질병은 사람에게 전염되기도 합니다.

광우병에 대해 들어 본 적 있나요? 광우병은 소의 뇌에 구멍이 뚫리는 병이에요. 이 병에 걸린 소를 먹으면 인간도 비슷한 질병에 걸리게 되지요. 2008년 우리나라에서는 광우병 공포로 한 동안 미국산 소고기를 거부하는 대규모 시위를 벌였어요. 풀을 먹고 살아야 할 소들에게 값싼 동물성 사료를 먹인 것이 광우병의 원인이었어요. 사료 값을 아끼려다가 도리어 훨씬 값비싼 대가를 치르게 된 경우죠.

돼지 이야기로 다시 돌아가면 우리가 돼지를 친근한 생명체로 받아들이지 못하는 이유는 어쩌면 너무 맛있기 때문일 거예요. 우리는 돼지를 다리, 뱃살, 갈빗살 같은 부위로 여기지 한 생명체로 대하려고 하지는 않아요. 2010년 우리나라의 돼지들은 구제역이라는 전염병을 앓았어요. 신흙에서 마음껏 뒹굴고 활동하는 것을 좋아하는 돼지들이 좁고 더러운 곳에 갇혀 살다가 병에 걸려 시름시름 앓았어요. 전염병 확산을 막으려고 병에 걸린 돼지들을 트럭 한가득 실어 와 산 채로 구덩이에 넣고 흙을 덮었어요. 무려 300만 마리가 넘는 돼지들이 그렇게 살처분을 당했어요. 가장 불쌍한 것은 돼지였지만, 살아 있는 생명을 땅에 묻는 작업을 하고 또 그것을 지켜본 사람들 역시 큰 고통과 충격을 받았어요. 돼지의 사체가 썩으면서 땅과 지하수가 심하게 오염되기도 했지요.

좁고 더러운 곳에서 자란 닭들 사이에는 조류독감이 돌았어요. 닭들은 꼼짝없이 떼죽음을 당했어요. 좁은 곳에 갇혀 자라서 허약한 닭들은 병을 이겨 낼 힘이 없고, 또 밀집되어 있으니 전염도 금세 되었어요. 사람들 역시 조류독감에 옮을까 봐 한동안 걱정에 시달려야 했어요.

　이처럼 동물을 더 빠르고 싼 방법으로 키우려고 하다가 도리어 동물도 병들고 사람도 병들고 비용만 더 치르는 결과를 낳게 되었어요. 이것은 축산업자들만의 문제이고 우리가 어찌할 수 없는 일일까요? 그 고기를 사 먹는 것은 '우리'입니다. 병든 동물을 먹고 싶은 사람은 없을 거예요. 우리가 엊저녁에 먹은 돼지나 닭이 지옥 같은 환경에서 고통 받았다는 사실을 안다면 우리 마음도, 속도 편할 리가 없어요. 바르게 키운 가축과 건강한 먹거리를 요구하는 것은 소비자의 권리예요. 그러한 목소리가 커지고 늘어나면 사람들의 인식이 변화하고 법과 규정도 그에 맞추어 바뀌게 됩니다. 우리 청소년들도 충분히 동참할 수 있어요. 그러니 생명의 가치를 제대로 알고 지켜 내는 일에 마음을 모아 보자고요.

# 기절하고 싶은
바다가재

대부분의 사람들은 돼지를 강아지나 고양이만큼 예뻐하거나 가족처럼 대하지는 않아요. 그렇지만 돼지들이 고통 속에 살아가고 끔찍한 비명을 지르며 죽기를 바라진 않을 거예요. 닭들이 지옥 같은 고통을 받는 대가로 우리가 양념 반 프라이드 반을 먹는 것은 결코 반길 수 없는 일이죠. 우리나라에는 1천 만 마리 이상의 돼지와 1억 5천만 마리 이상의 닭, 300만 마리 이상의 소들이 살고 있다고 해요. 이 동물들이 고통을 덜 받고 조금 더 행복하게 살면서 사람들에게 맛있는 고기를 공급할 수는 없을까요?

최근 많은 이들이 동물이 겪는 고통을 없애는 데 관심을 기울이기 시작했어요. 유럽연합 국가들은 동물보호법을 만들어 동물들을 더 나은 환경에서 키우도록 했어요. 예를 들어 의무적으로 닭장의 면적을 넓히게 하거나 돼지가 옴짝달싹 못 하는 비좁은 우리를 금지하는 식이지요. 우리나라에서도 법 개정이 활발히

논의되고 있습니다. 법무부는 2021년 7월 '모든 동물은 물건이 아니다'라는 선언 조항을 담은 민법 개정안을 입법 예고했어요.

많은 제약회사에서는 새로운 약을 개발할 때 쥐, 토끼, 개, 원숭이에게 독성 실험을 해요. 실험동물에 약물을 주입해 인간에게 해가 없는지, 부작용은 없는지 미리 확인하는 거죠. 그 과정에서 동물들은 끔찍한 고통을 받아요. '이것이 최선일까?' '더 나은 방법은 없을까?' 사람들은 고민하기 시작했어요. 인간의 약을 개발하기 위해 동물이 고통 받는 것은 비윤리적이라는 지적이 나왔죠. 그래서 많은 기업들이 동물 실험이 아닌 새로운 대안을 찾고 있어요.

윤리나 도덕은 인간에게만 쓰던 단어이지만 이제 '동물 윤리'라는 말이 생겨났어요. 앞서 말했듯 인간이나 동물이나 똑같이 고통을 느끼는 존재예요. 인간이 수학방정식을 풀고 바이올린을 연주하고 종교를 믿는 존재라고 해서 고통의 문제에서 더 특별 대우를 받을 수는 없어요.

동물이 인간보다 열등하기 때문에 동물을 학대하고 괴롭혀도 된다면 이런 상상도 가능하죠. 지구에서 1억 광년 떨어진 혹성에 인간보다 지능이 천 배쯤 뛰어난 뽕꼬링꽁족이 살고 있어요. 어느 날 뽕꼬링꽁족은 푸른 행성 지구를 차지하기 위해 지구인들을 학살해요. 학살은 이렇게 정당화되겠죠. "우리가 열등한 지구인들을 없애는 건 자연스럽고 당연한 권리다. 지구인이 자신들보다 못하다고 생각하는 소와 돼지들을 함부로 죽이는 것과 같은 이치이지.”

　인간에게 고통을 주는 게 나쁜 짓이라면 동물에게 고통을 주는 것 역시 나쁜 짓이에요. 이제 동물들도 윤리적인 돌봄과 관심의 대상이 되어야 한다는 사실에 반대하는 사람은 많지 않아요.

　바닷가에 놀러 가면 꽃게나 낙지를 잡아서 산 채로 라면에 넣어 먹을 때가 있어요. 펄펄 끓는 냄비에 들어가는 순간 마구 꿈틀거리는 꽃게를 보면 고통을 느끼는 것 같기도 해요. 아무 소리도 내지 않기 때문에 고통을 느끼는 감각이 없는 것 같기도 하고요. 그런데 한 동물보호단체는 바다가재 같은 갑각류도 고통을 느낀다는 연구 결과를 내놓았어요. 스위스 정부는 살아 있는 바다가재를 끓는 물에 바로 넣는 요리법을 금지하는 법을 만들었어요. 삶기 전에 망치나 전기 충격으로 먼저 기절시켜야 해요. 다른 유럽 국가들에서도 비슷한 변화가 일어나고 있어요. 노르웨이에서는 살아 있는 연어를 절단하기 전에 마취를 해야 돼요. 영국 정부는 동물복지법을 개정해서 랍스터, 게, 문어, 오징어를 산 채로 요리하는 것을 금지시키려 하고 있죠.

　앞에서 나무에 매달려 몽둥이에 맞아 죽어야 했던 개들에 대해 이야기했어요. 1980년대까지만 해도 우리나라에서는 민주화 운동을 하던 사람이 고문실에 끌려가는 일이 흔했어요. 그곳에서 대롱대롱 매달려 두들겨 맞고 전기나 고춧가루 물로 고문을 당했어요. 다행히도 우리는 지금 사람과 개에 대한 고문 모두 상상할 수 없는 시대에 살고 있어요. 사람들의 생각이 깨어나 그런 일에 대해 분노하고 거부하고 행동에 나섰기 때문이에요. '모든 살아 있는 것들은 고통 받지 않아야 한다.' 잔인한 고문과 학대의 시대를 지나오면서 깨닫게 된 생각이에요. 사람과 개와 돼지를 넘어 갑각류에 이르기까지 모든 생명체는 고통 받지 않을 권리가 있어요.

# 사람은
# 동물보다
# 우월할까?

한 인간이 다른 인간을 노예 삼아 모든 권리를 빼앗고 착취하던 시절이 있었어요. 그리고 1958년까지 인간 동물원이 존재했다는 사실을 아시나요? 식민지를 거느리고 있던 서양인들은 아프리카나 아시아 사람들을 가둬 놓고 전시하는 야만적인 행동을 했어요. 상상할 수 없을 정도로 끔찍하지만 정말로 있었던 일입니다. 많은 사람들은 동물도 똑같이 대해 왔어요. 이렇게 말이에요. '동물은 그저 인간에게 즐거움과 편리와 식량을 주는 도구일 뿐이다. 인간의 권리도 제대로 못 챙기는 판에 동물의 권리까지 생각할 여유가 없다!'

동물을 착취하고 도구로 여기는 것은 오랫동안 당연하게 여겨져 왔어요. 하지만 이제 동물 역시 존재 자체로 소중하다는 생각이 퍼지고 있어요. 인간이 다른 종에 비해 뛰어나고 우월하다는 주장에 대해 여러분은 어떻게 생각하나요? 앞에서 인간만의 특별한 점에 대해 살펴봤지만, 긴긴 지구의 역사에서 보면 인간은 그리 특별하지 않고 지구에 출현한 하나의 생물 종에 불과해요. 인간이 다른 종에 비해 좀 영특하기는 하죠. 하지만 똑똑하다는 사실만으로 '인간만이' 소중하고 모든 가치와 권리를 독점해야 한다고 말할 수는 없을 거예요. 다른 동물들도 각각의 고유한 재능과 가치를 간직하고 있으니까요.

조지 오웰이 쓴 소설 『동물농장』에는 예언하는 돼지 메이저 영감이 등장해요. 메이저는 동물을 착취하며 살아가는 인간들을 비난하며 이렇게 말하죠. "인간은 생산하지 않고 소비만 하는 유일한 동물입니다. 젖을 만들지도 않고, 알을 낳지 않으며, 힘이 약해서 쟁기를 끌지도 못하고 토끼를 잡을 만큼 걸음이 빠르지도 못합니다. 그런데도 인간은 동물의 왕입니다."

우리는 메이저의 말을 새겨들을 필요가 있어요. 우리는 우사인 볼트가 100m를 9.58초에 뛴 것을 세계 신기록이라고 말합니다. 하지만 엄밀하게 '인간 신기록'이라고 해야 할 거예요. 지구적인 차원에서 보면 훨씬 더 압도적인 속도로 뛰고 날고 기는 존재들이 무척 많아요. 치타, 얼룩말, 톰슨가젤은 볼트가 뛰는 모습을 보고 이렇게 말할 거예요. "뭐야, 달팽이야?" 고릴라와 역도 경기, 캥거루와 멀리 뛰기, 돌고래와 다이빙을 한다면 인간은 상대가 되지 않아요. 인간은 800미터가 넘는 고층빌딩을 지어 놓고 자랑스러워하지만, 거미나 비버의 경이로운 건축 실력은 인간이 뉴욕의 한 인간 동물원에 갇힌 필리핀 소녀.
사람들이 소녀를 가둬 놓고 구경하는 모습이
너무나 끔찍하게 느껴져요.

인간이 인간을,
인간이 동물을 무시하고 괴롭히는 것은
있어서는 안 될 일입니다.

흉내조차 내지 못해요. 거미는 설계도를 머릿속에 그린 채 온전히 자기 몸에서 뽑아 낸 재료와 자기 힘으로 거대한 집을 뚝딱 지어요. 비버는 중장비 하나 없이 '맨손'으로 나뭇가지 댐을 쌓아 시냇가를 호수로 바꾸어 놓고요.

쇠똥구리에 관한 흥미로운 사실이 있어요. 과학자들에 따르면 쇠똥구리는 은하수에 의지해 길을 찾는다고 해요. 똥 경단을 뺏기지 않고 집에 안전하게 가져가려면 가장 빠른 길을 찾아야 하는데, 이때 은하수를 길잡이 삼는 것이죠. 넓디넓은 바다에서 배가 북극성을 보고 항로를 찾아가는 것과 비슷해요. 작고 약해 보이는 곤충이 은하수를 보고 길을 찾는다는 사실이 놀랍기만 합니다.

쇠똥구리 이야기는 작은 생명체 안에 숨겨진 어마어마한 능력을 보여 주어요. 물론 지구상의 모든 생명체들은 어떤 대단한 능력이 없다 하더라도 그 자체로 아름다운 존재예요.

이처럼 놀라운 생명체들의 본성이나 능력에 과학자들은 크게 감탄해요. 아직 다 밝혀내지 못한 것도 무궁무진하지요. 그러니 인간이 어떤 능력을 지녔기 때문에 다른 생명체보다 우월하다고 말하는 것은 부당한 일이죠. 그보다는 인간과 함께 어우러져 살아가는 생명체들의 가치를 인정하고 존중하는 태도가 필요합니다.

## 너구리와
## 오리에게도
## 삶이 있다

잠자리에 누워 좋았던 옛 기억을 떠올려 본 적이 있나요? 여덟 살짜리 아이도 과거를 추억하곤 해요. 작년 여름의 일을 20년 전 일이라도 되는 듯 회상하지요. 스마트폰이나 초콜릿을 금지 당할 때면 이렇게 미래의 모습을 그려 보기도 해요. "나도 엄마처럼 사십 살 되면… 엄마가 될 거야. 엄마가 되면 애들이 해 달라는 거 다 해 줄 거야."

그런데 동물도 과거의 삶을 기억할까요? 다른 사람에게 팔려 간 진돗개가 주인을 찾아 수십 킬로미터를 되짚어 돌아온다거나, 학대당한 개가 사람을 두려워해 벌벌 떠는 것을 보면 동물 역시 마음에 옛 기억을 담고 사는 것 같아요. 인간처럼 또렷하게 기억을 되살리고 섬세하게 감정을 표현하지 못하더라도 소소한 행복과 아픔이 그려진 과거를 간직하고 있죠.

흔히 사람만이 삶을 누린다고 생각해요. 하지만 '살다'라는 동사에 접미사 'ㅁ'을 붙여서 만들어진 단어가 '삶'이에요. 두더지와 수달과 종달새가 인간과 한 하늘 아래 살며 꿈틀거리고 있으니 역시 삶이 있는 것이죠. 동물들은 태어나 성장하고, 짝짓기를 하고, 보금자리를 만들고, 새끼를 키워요. 차가운 바람이 불면 굴을 파거나 바다 건너 따스한 땅으로 이동하고요. 타고난 재능과 지혜를 발휘해 자기 삶을 꾸리죠. 가족이나 동료와 어울리고 서로 의지해요. 그리고 병들어 죽는 과정을 겪어요. 이 모든 과정이 인간과 다를 것이 없다면, 동물에게도 삶이 있는 것이지요.

이 동물들에게도 삶을 누릴 자유, 고통 받지 않을 권리가 있다는 것이 많은 이들이 공유하는 생각이에요. 동물들이 인간에게 좋은 것들을 공급한다면, 그것을 고마워하고 최소한의 도덕적 고려를 하는 것이 상식이에요.

지구는 모든 생명체들이 공유하는 공간이에요. 산과 들, 강물과 샘물, 햇빛과 바람은 지구의 모든 생명체가 함께 누리라고 허락된 것이죠.

하지만 오늘날 동물들에게는 처참한 일들이 벌어지고 있어요. 상어 지느러미로 만드는 샥스핀 요리를 위해 매년 1억 마리의 상어가 지느러미를 잘린 채 버려져요. 지느러미가 잘린 상어는 다시 바다에 버려지고 바로 가라앉아 죽게 돼요.

밍크, 너구리, 담비는 산 채로 가죽이 벗겨져요. 너구리 처지에서 생각한다면 말도 안 되게 잔인한 일이에요. 오리와 거위도

산 채로 털이 뽑히는 고통을 당해요. 그래야 털이 예쁜 모양으로 뽑히기 때문이래요. 사람은 다리털만 뽑혀도 눈물을 찔끔 흘리면서 거위가 어떤 고통을 겪는지는 알 바가 아니라는 걸까요? 거위의 처지에서 얼마나 아플지 생각해 본다면 감히 할 수 없는 행동이에요. 하지만 우리는 매년 겨울이 되면 이 친구들의 털로 만든 새 패딩 점퍼를 사고 싶어집니다.

매년 수백 명의 사람들이 동물보호법을 어겨서 적발되고 있어요. 특히 개나 고양이 같은 반려동물을 잔인하게 학대하는 사람들이 많죠. 최근, 청와대 국민 청원 사이트에 '길고양이 학대를 전시하는 ○○○ 갤러리를 수사하고 처벌하여 주십시오'라는 제목의 글이 올라왔어요. 이 갤러리에는 고양이를 잡다가 학대하거나 죽이고 인증하는 사람들이 모여 있다고 합니다. 정말 기가 막힐 노릇입니다. 작디작은 생명체를 괴롭히면서 서로 낄낄대고 즐거워하다니. 맨몸으로 사바나 초원에 가서 사자를 괴롭히거나 시베리아호랑이를 맨손으로 때려잡아 동물보호법을 위반한 사례는 아직 없어요. 대부분 작고 약한 강아지와 고양이들을 만만한 화풀이 대상으로 생각해 괴롭히고 고통을 주는 경우죠. 동물들은 저항하거나 경찰에 신고도 못 한 채 꼼짝없이 당할 수밖에 없어요.

2019년 고양이를 잔인하게 죽인 사람이 동물학대법 위반으로 징역 6개월 형을 받았어요. 우리나라에서는 처음 있는 일이었

오늘도 홈쇼핑에서는 밍크 털로 만든 코트를 판매하고 있어요.
동물의 털이 아니라 인조 가죽, 인조털로 만든
옷을 사는 습관을 들여 보면 어떨까요?
옷이나 물건을 쉽게 사지 않고 꼭 필요한지 먼저 생각해 보는
습관을 들인다면 더 좋을 거예요.

어요. 많은 사람들이 동물 학대에 분노하고, 그런 일을 내버려 두어서는 안 된다는 사회적 목소리가 커지면서 법 처벌도 엄격해진 것이죠.

모든 동물은 아픔을 느껴요. 식빵, 호떡, 라면, 파스타의 주된 성분이 밀가루이듯이 인간과 동물의 신체를 구성하는 재료도 비슷해요. 특히 척추와 신경을 가진 모든 동물들은 고통을 느끼는 감각을 지니고 있어요. 연필을 깎다가 손가락을 베었을 때를 생각해 보세요. 동물 역시 인간처럼 통증을 느끼는 감각 세포가 살아 있어요.

그렇다면 이런 질문을 던지게 돼요. 우리가 고통을 피하고 싶고 안락함과 행복을 원한다면 동물도 그렇지 않을까요? 누군가 동물에게 고통을 가한다면 이렇게 생각해 보세요. '똑같은 고통을 인간에게 가한다면 어떤 느낌일까?'

살아 있는 생명이라면 그 누구도 고통 받지 않아야 해요. 인간의 사랑을 듬뿍 받는 강아지와 고양이만의 이야기는 아니에요. 우리나라의 동물보호법은 개, 고양이뿐 아니라 조류, 파충류, 어류도 그 대상으로 삼고 있어요. 이들을 보호하려는 활동가나 연구자들이 세계 곳곳에 있어요. 갯벌이 사라져 쉴 곳이 없는 물떼새들을 위해 조개를 뿌려 주고 인공서식지를 만들어 주거나, 케냐의 마사이족에게 찾아가서 사자 사냥을 멈추어 달라고 설득하기도 하죠. 또 도로에서 차에 치이거나 덫에 걸려 다친 동물들을 데려가 치료하고 보살펴 주고요.

이 모든 것들이 동물에게도 '삶'이 있다는 사실을 잊지 않는 행동들입니다. 우리 일상에서도 이런 태도와 행동들이 있으면 좋겠습니다. 지금 내가 하는 행동이 생명을 위하는 것인지를 고민해 보고, 아무렇지 않게 했던 행동들을 다시 한번 돌아볼 수 있다면 그것이 어떤 생명에게는 큰 힘이 될지도 모릅니다.

# 2. 지구에 무해한 존재가 되는 법

## 지구를
## 존중하는
## 마음

　사람은 지구를 통치하는 왕인 것처럼 살아가요. 바르게 잘 하면 좋을 텐데 그렇지 못할 때가 많습니다. 오래도록 변함없던 지구의 모습을 한순간에 뒤바꾸어 놓는 일이 허다하죠. 산이나 언덕을 밀어 없애고 숲을 태우고 바다를 흙으로 메워 땅으로 만들어요. 산중의 암석에 커다란 구멍을 뚫어 터널을 만들고 멀쩡한 강바닥을 파기도 하죠. 대부분 100년도 살지 못하는 인간이 수십만 년 동안 한결같던 자연을 헤집어 놓는 일은 아무렇지 않게 일어나고 있습니다.

　과학자들은 지구가 생긴 지 45억 년 정도가 되었다고 말해요. 우주의 시간에 비하면 인간의 삶은 너무 짧아서 '스치는 순간'에 가깝지요. 얼굴이 쭈글쭈글해서 엄청 오래되어 보이는 우리 할아버지는 고작 72년밖에 살지 않았어요. 2019년에 기네스북에 오른 일본 최장수 할머니도 이제 겨우 118년 살았을 뿐입니다.

포유류 중에서 사람은 오래 사는 편이에요. 생쥐나 개에 비하면 분명 그렇죠. 하지만 오래 살기로 말하면 그린란드 상어에 비길 수 없어요. 그린란드 상어는 400년 이상 산다고 해요. 병자호란 시절 인조가 남한산성으로 피신했을 때 태어난 아기 상어가 2020년대에 할아버지 상어가 되어 북극해 깊은 바닷속을 헤엄치고 있는 것이죠.

말 그대로 살아 있는 전설, 그린란드 상어의 모습.
몇 백 년을 사는 기분이 어떤지 인터뷰해 보고 싶어요.

나무는 그보다 훨씬 더 오래 살아요. 우리나라 곳곳에 1천 살 먹은 은행나무들이 있어요. 미국 레드우드 국립공원에는 2천 살 된 나무들이 빽빽이 들어차 있고요. 키가 100미터가 넘는 나무들도 많아요. 2천 년 전, 예수님이 갈릴리 마을에서 어부들과 다닐 때 있던 묘목이 지금도 거대한 가지를 드리우고 새 잎사귀를 싹 틔우고 있는 것이죠.

우리 집 작은 뒷산은 낮고 초라해 보여요. 하지만 가늠이 안 될 정도로 오래되었지요. 걸어가다가 무심코 걸어차는 조약돌조차 우리 삶에 비하면 엄청나게 오래되었습니다. 인류가 이 땅에 발을 딛기 전에도 있었고 우리가 떠나간 뒤에도 그곳에 남아 있을 거예요. 하다못해 발자국 하나만 해도 그렇죠. 경상남도 사천에서 발견된 원시 악어의 발자국은 1억 1천 년 전의 것이라고 해요. 바퀴벌레는 지구상에 3억 년 전부터 살고 있었고요. 사람들이 혐오하는 곤충이지만 한때 공룡과 함께 지구 곳곳을 누비고 다녔어요. 그 긴 세월을 생각하면 사람 사는 집에 바퀴벌레가 침투한 것이 아니라, 바퀴벌레의 세상에 인간이 끼어든 게 아닌가 싶어요.

우주를 보면 그 길고 넓은 시간과 공간에 더 경탄하게 돼요. 지구에서는 보통 14살 이전까지를 어린이라고 해요. 별들의 세계는 어떨까요? 우리 은하에 있는 별들의 나이는 1억 살에서 100억 살 사이니까 2천 만 년 된 것은 아직 어린 별에 속해요. 고대 이집트 사람들은 태양신 라(Ra)를 숭배했는데, 그들은 우주에 태양보다 훨씬 더 오래되고 크기도 몇 만 배 이상 큰 별들이 가득하다는 사실을 전혀 몰랐어요. 태양이 가장 오래되고 가장 큰 별일 거라고 굳게 믿은 거죠. 우주적 시간과 공간에 비하면 인간의 일생은 순간 떠올랐다 터지는 물방울에 불과해요.

천문학에서 다루는 숫자는 사람을 현기증 나게 하지만, 우리가 느끼는 시간과 공간을 지나치게 넘어서면 오히려 심드렁해져요. 흰수염고래의 길이가 30미터라고 하면 '우아, 빌딩 높이만 하다' 하고 놀라지만 우리 은하의 직경이 약 10만 광년이라거나 안드로메다가 지구에서 250만 광년 떨어져 있다고 하면 '음, 꽤 크고 머네'라고 할 뿐이죠. 우리의 생각과 개념에 와닿지 않을 징도로 크고 멀기 때문이에요.

우주와 자연은 이토록 크고 오래되고 장엄하지만, 많은 사람들은 여전히 자연을 개발의 대상으로만 여겨요. 자연을 '정복'한다는 표현을 쉽게 쓰지요. 화장지를 뽑아 쓰듯 자원을 뽑아서 쓰면 그만이라고 생각해요. 현대인들에게 자연 개발은 어느 정도 필요한 일이에요. 70억 인구가 살아야 할 집을 짓고 다리를 놓고 항만을 건설하려면 숲과 들판과 습지를 개발해야 하거든요. 우리나라는 국토는 좁고 산이 많아요. 2시간을 뱅글뱅글 돌아갈 거리를 터널을 뚫으면 30분 만에 갈 수 있기 때문에 우리나라에는 터널이 많은 편이에요.

하지만 개발이 지나치면 환경에 나쁜 영향을 주게 됩니다. 예를 들어 도시를 확장하기 위해 숲을 무분별하게 밀어 버리면 가뭄과 홍수 피해가 심해질 수 있어요. 숲은 거대한 공기청정기이자 정수기이면서 가습기이기도 해요. 폭우가 내릴 때 숲의 나무들은 빗물을 한껏 머금고 날이 건조하면 잎으로 다시 수분을 내보내요. 어떤 경우에는 꼭 필요한 개발로 보이는데 환경을 망치는 결과를 낳기도 해요. 가령 홍수를 막으려고 댐을 지었더니 그 지역 동물의 숫자가 눈에 띄게 줄어드는 경우가 있어요. 강 상류로 가서 알을 낳으려던 연어가 댐에 막혀 갈 수가 없어요. 그 결과 연어를 먹고 살던 독수리와 곰의 수가 줄어드는 것이죠. 따라서 개발을 할 때는 환경에 미치는 영향을 꼼꼼히 따지고 공사를 최소화해야 해요. 자연이 스스로 깨끗해지고, 원래 모습을 되찾을 수 있는 능력을 잃어버리지 않도록 말이죠.

환경 보호에 앞장서는 어떤 사람들은 지구를 하나의 생명으로 대하기도 해요. 사실 이러한 생각은 아주 오래되었어요. 고대 그리스인들은 지구를 생명을 가득 품고 새로운 생명을 내어 주는 어머니라고 생각했어요. 이러한 '어머니 지구'를 신성하게 여겨 '가이아'라고 불렀지요. 비유가 아니라 실제로 지구 자체를 하나의 살아 있는 존재라고 믿었어요. 이러한 생각을 이어받은 현대의 철학자, 과학자 중에도 지구를 커다란 생명체로 여기는 사람들이 있어요. 생명체가 그렇듯 지구에게도 탄생의 순간이 있었고, 시간이 흐르면서 그 모습이 변하기도 해요. 환경을 스스로 조절하기도 하고, 병이 들었다가 회복되기도 하지요.

가이아 이론은 지구를 대하는 우리의 생각과 자세를 가다듬는 데 도움이 돼요. 안타깝게도 지금의 지구는 병들어 있어요. 이 지구별은 우리가 앞으로 80년 넘게 살아야 하고 또 후손들에게 물려주어야 하는 곳이에요. 병들지 않게 돌보고, 생명을 계속 이어갈 수 있도록 존중해 주어야 하지요.

# 잃어버린
# 파란 하늘

인류는 자연을 남용한 대가를 톡톡히 치르고 있어요. 가을의 '파란 하늘'은 우리나라 기후의 특징이고 늘 쉽게 볼 수 있었지요. 하지만 미세먼지로 고통 받는 요즘 파란 하늘은 비나 강풍이 지나간 뒤 빼꼼 비추는 반가운 얼굴이고 특별한 선물이에요.

우리의 하루는 미세먼지가 얼마나 심한지 확인하는 것부터 시작해요. 스마트폰으로 미세먼지 정보를 확인하고 창밖을 올려다보죠. 나들이 가기로 한 날 아침 미세먼지로 뒤덮인 시궁창 색 하늘을 확인하는 것만큼 우울한 일이 없어요. 매캐한 냄새가 코를 찌르고 입안에는 먼지 알갱이가 굴러다니는 것 같아요.

1952년 악명 높았던 런던 스모그로 1만 명 이상의 사람들이 폐 질환과 호흡기 질환에 걸려 목숨을 잃었어요. 석탄을 많이 때던 시절의 일이지요. 1987년 멕시코시티에서는 새 수천 마리가 떨어져 죽었어요. 멕시코의 하늘은 납, 카드뮴, 수은으로 온통 오염되어 있었죠. 그후 수십 년이 지난 대한민국에서도 창문을 열면 언제나 오염된 하늘을 마주하게 되어요.

대기오염의 주요 원인은 석탄, 석유, 가스 같은 화석연료를 태울 때 나오는 이산화탄소예요. 미국, 일본, 유럽 같은 산업 선진국들이 100년 넘게 이산화탄소를 뿜어냈고, 뒤이어 중국, 인도 같은 큰 나라의 산업이 가파르게 성장하면서 대기오염은 더욱 심각해졌어요. 우리 하늘의 대기권은 두꺼운 철이 아니라 얇은 막입니다. 그런데 하늘이 무슨 하수구라도 되는 양 오염물질을 들이붓고 있어요. 하늘이 아무리 넓다 해도 전 지구에서 뿜어내는 가스와 오염물질을 견뎌 낼 수는 없지요.

미국의 해양생물학자 레이첼 카슨이 『침묵의 봄』이라는 책을 통해 생태계로 흘러들어간 독성 화학물질의 위험을 경고한 것은 1960년대 초였어요. 해충을 죽이려고 뿌린 농약과 살충제 같은 화학약품이 곤충, 새, 물고기까지 잇달아 없애고 생태계 전체를 파괴했어요. 그 결과 봄이 되어도 새들의 소리를 들을 수 없게 되었어요. 1964년에 세상을 떠난 레이첼 카슨이 오늘날 온실가스로 뒤덮인 지구를 본다면 더 끔찍한 절망에 빠질 거예요. 살충제는 일부 지역의 숲과 들을 망가뜨렸지만 온실가스는 지구 생태계를 통째로 파괴하고 있으니까요.

다행히 국제사회는 이런 상황을 바꾸기 위해 노력 중이에요. 이산화탄소 배출을 막기 위해 미국, 일본, 유럽 국가들이 탄소중립국을 선언했거나 선언할 예정이에요. '탄소중립'이란 간단히 말해 탄소 배출이 0인 상태지요. 탄소중립은 탄소를 배출하지 않는다는 게 아니라, 배출한 만큼 흡수해서 결과적으로 순배출량을 0으로 만드는 거예요. 독일은 2038년까지 모든 석탄 화력 발전을 멈추기로 했어요. 영국은 2015년 40%였던 석탄 화력 발전 비중을 2017년 이후 한 자릿수로 줄였어요. 우리나라 정부도 2050년까지 탄소중립국이 되겠다고 선언했어요. 그러려면 지금 우리나라 전기 생산의 40%를 차지하는 석탄 화력 발전소를 깨끗한 신재생 에너지 발전소로 바꾸어야 해요. 제조 공장들의 설비도 교체해야 하고, 자동차를 전기차, 수소차로 바꾸어야 하고요. 어렵고 까마득한 일이지만 반드시 해야 하는 일이에요.

미국과 유럽은 이산화탄소 규제가 약한 나라의 상품에 특별 세금을 물리는 정책을 준비 중이에요. 글로벌 기업들도 탄소중립에 앞장서고 있어요. 앞으로 세계 무역 시장에서는 이산화탄소를 많이 배출해 만든 상품이 '나쁜 상품'으로 찍히게 될지도 몰라요. 그러니 수출 강국인 우리나라는 탄소중립국이 되어야 합니다. 실제로 지구를 지키는 일이니까 반드시 해야 하는 일이고요. 앞으로 탄소중립이 어떻게 세계의 표준이 되어 가는지 주의 깊게 지켜보기로 해요.

플라스틱이
내 입으로
들어간다고?

하늘에 미세먼지가 있다면 바다에는 미세플라스틱이 있어요. 인류는 1950년대부터 플라스틱을 대량 생산하기 시작했어요. 값싸고 가볍고 어떤 모양이든 쉽게 만들 수 있는 플라스틱은 산업 발전에 큰 도움이 되었어요. 폴리스티렌(전자제품, 요구르트 통), 페트(생수병), 폴리에틸렌(장난감, 과자봉지, 화장품용기), 폴리프로필렌(라면봉지, 식품용기) 등 이름은 다양하지만 모두 플라스틱이에요. 플라스틱이 없는 일상생활을 생각할 수 없을 정도로 플라스틱은 현대인의 필수품이 되었습니다.

플라스틱은 값이 매우 싸고 썩지 않아요. 이게 플라스틱의 문제점이지요. 플라스틱이 엄청 비싸고 귀한 물질이라면 그렇게 쉽게 쓰레기가 되지 않겠죠. 만약 그렇다면 엄마는 콩나물을 담아 온 비닐봉지를 잘 말려서 2년은 쓸 거예요. 도서관에서 가방을 잃어버린 남학생은 이런 쪽지를 써서 붙이겠죠. 〈노트북과 지갑은 가져가세요. 하지만 제 플라스틱 컵은 꼭 돌려주세요 ㅜㅜ〉 플라스틱이 썩는 물질이라면 역시 아무 걱정이 없어요. 뒷마당에 버린 플라스틱 숟가락은 거름이 되어 봉숭아꽃을 피울 테니까요.

하지만 플라스틱은 값이 싸서 대량 생산, 대량 소비되는 데다가 썩지도 않아요. 산업화 이후 인류는 더 생산하고, 더 소비하고, 더 버리는 생활에 익숙해졌어요. 한정된 자원, 위태로운 환경에 전혀 어울리지 않는 생활 방식이죠. 플라스틱이 그러한 생활 방식에 힘을 실어 주었어요. 그 결과 한 번 쓰고 버리는 빨대, 그릇, 봉지, 물통, 포장 용기들이 날마다 쓰레기 산을 이루어요.

처음 개발된 1950년대부터 2015년까지 인류가 생산한 플라스틱은 80억 톤 이상으로 추정됩니다. 그중 60억 톤 이상이 쓰레기로 배출되었다고 해요. 플라스틱 쓰레기가 눈에 띄는 곳은 거리, 들판, 산이지만 상당 부분은 바다로 가요. 매년 바다로 흘러들어가는 플라스틱 쓰레기가 1천 만 톤 이상이라고 해요.

바다는 너무 크고 넓으니까 쓰레기가 자연스럽게 묻히거나 사라질 거라고 여기는 사람도 있지만 그렇지 않아요. 바다든 땅이든 버려진 쓰레기는 썩어야 사라집니다. 플라스틱 쓰레기는 물고기나 박테리아가 먹거나 분해할 수 없는 것이라 썩는 데 800년이 걸린다고 해요. 우리가 2021년에 무심코 버린 생수통이 태평양을 떠돌다가 2800년쯤에야 겨우 사라진다고 상상해 보세요. 그리고 문제는 생수통이 하나가 아니라 수십만 개라는 것입니다.

세계 인구가 늘면서 썩지 않는 바다 쓰레기의 양은 폭발적으로 늘어났어요. 중국에서 버린 쓰레기는 우리나라 서해와 남해로 떠내려 오고 우리나라에서 버린 쓰레기는 일본으로 흘러가요. 중국, 한국, 일본이 버린 쓰레기는 해류를 타고 하와이까지 떠밀려가 '플라스틱 쓰레기 섬'을 이루어 둥둥 떠다니기도 해요.

플라스틱으로 가장 고통 받는 것은 바다 생물들이에요. 플라스틱 쓰레기를 먹이로 착각하고 먹었다가 몸이 무거워져 날지 못하는 불쌍한 바닷새들이 자주 발견되어요. 죽은 바다거북과 바닷새의 배 속을 부검해 보면 플라스틱 빨대, 터진 풍선, 뭉친 비닐, 라면 봉지가 나오는 경우가 많아요. 소화되지 않은 채 뭉친 플라스틱 때문에 소화기관이 막혀 죽게 된 것이죠.

사실 우리 인간도 엄청난 양의 플라스틱을 먹어요. 바다거북처럼 비닐봉지를 플랑크톤으로 착각하고 먹지는 않아요. 대신에 눈에 보이지 않는 미세한 플라스틱 조각을 나도 모르게 먹고 있어요. 페트병, 비닐봉지, 어망 같은 플라스틱은 바다에 이리저리 떠밀려 다니며 잘게 부서져요. 이렇게 만들어진 미세플라스틱을 플랑크톤, 새우, 게, 조개, 물고기들이 먹어요. 이러한 해산물을 먹을 때마다 미세플라스틱이 우리 입속으로 들어오는 것이죠.

해산물만 안 먹으면 될까요? 물과 소금에도 미세플라스틱이

웅장하고 아름다운 풍경과 어울리지 않는 플라스틱 쓰레기들.
이 안타까운 부조화를 없애기 위해
오늘부터 무얼 할 수 있을지 고민해 봅시다.

들어 있어요. 수돗물을 아무리 정화해도 크기가 너무 작은 미세플라스틱은 걸러지지 않는다고 합니다. 생산한 곳에 따라 다르지만 소금 1kg에는 수백에서 수천 개의 미세플라스틱이 들어 있어요.

우리가 일주일 동안 먹는 미세플라스틱은 2천 개 정도 된다고 해요. 물을 마시고 해산물을 먹고 소금을 넣은 음식을 먹을 때마다 플라스틱을 먹고 있어요. 우리가 마구 버린 플라스틱이 아주 작은 조각이 되어 다시 우리 입속으로 들어오는 셈이에요. 플라스틱 쓰레기를 버릴 때는 '언젠가 내 입으로 돌아오겠지'라고 각오해야 돼요.

어떤 사람들은 환경 보호를 특별한 사람들만의 임무라고 생각해요. 하지만 지구를 뒤덮은 플라스틱 문제의 책임은 모든 인류에게 있어요. 우리 각자가 일상에서 플라스틱을 쓰고 버리는 데 동참했기 때문이죠. 플라스틱 쓰레기를 줄이기 위한 해결책도 우리 모두의 행동에 달려 있어요. 각자의 행동의 결과로 지구가 더럽혀질 수도, 더 깨끗하고 살기 좋은 곳이 될 수도 있다는 사실을 꼭 기억하기로 해요.

2020년 강릉 연곡초등학교 학생들은 음료수 회사들과 환경부에 플라스틱 병의 재활용률을 높여 달라고 요청하는 편지를 보냈어요. 이 편지에는 재활용에 대한 구체적인 아이디어들도 들어 있었어요. 그리고 회사들로부터 실천 계획이 빼곡히 담긴 긍정적인 답신을 받았어요. 한 회사에서는 초등학교에 직접 방문해 학생들과 환경보호에 관해 여러 이야기를 나눴어요. 이 학생들의 멋진 행동은 환경을 지키는 것이 누가 대신해 주는 일이 아니라 우리 자신의 일임을 깨닫게 해 주었어요.

기업에 개선을 요구하는 것 외에도, 우리가 바로 실천할 수 있는 행동들이 있어요. 일회용 플라스틱 제품을 덜 쓰고, 비닐봉지 없이 장을 보고, 쓰레기를 잘 분류해 버리는 일 같은 작은 실천이죠. 그리고 이것은 지구를 나눠 쓰는 구성원으로서 자부심을 가질 만한 행동이에요.

# 기후 변화의
# 습격

　우리 지구는 금성처럼 뜨겁지도 천왕성처럼 차갑지도 않은 적당한 온도를 유지하고 있어요. 태양의 열기는 지구 대기권 안으로 내리쬐어 일부는 지구를 덥히고 나머지는 다시 우주로 빠져나가요. 우리 지구는 그런 방법으로 생명체가 살기에 딱 적당한 온도를 유지하지요.

　그런데 이 적당한 온도를 불안정하게 만드는 것이 있어요. 바로 석탄, 석유, 가스 같은 화석연료예요. 우리는 전기를 만들고, 비행기와 차를 움직이고, 공장 기계를 돌릴 때 화석 연료에 크게 의존하고 있어요. 의존 정도가 심해서 '중독'이라고 표현할 정도예요. 화석 연료를 땔 때마다 엄청난 온실가스가 뿜어져 나와요. 가장 대표적인 온실가스인 이산화탄소는 지구로 들어온 태양열이 지구 밖으로 빠져나가는 것을 막아 지구 온도를 계속 높이는 원인이에요.

온실가스 자체가 나쁜 것은 아니에요. 온실가스가 없다면 지구는 영하 20도까지 내려가 꽁꽁 얼어 버릴 거예요. 한겨울 추위를 막기 위해 거실에 쳐 놓은 커튼처럼 온실가스는 지구를 따뜻하게 덥혀 주어요. 그렇지만 온실가스가 지나치게 많아지면 문제가 생깁니다.

뜨거운 여름날 하루 종일 햇볕을 받은 거실을 생각해 보세요. 해가 지고 밤이 되어도 열이 달아오른 채 식지 않아요. 그런데 두꺼운 겨울 커튼이 거실 창문을 덮고 있어요. 집 안에 갇힌 열기로 거실에 모인 가족들은 '찜통 속의 만두'가 된 느낌이 들 거예요. 바로 이 커튼처럼 이산화탄소가 지구의 열기를 가두는 것이죠.

예전에는 대기오염이란 말을 많이 썼지만 이제는 지구온난화를 표현하는 '기후 변화'라는 말을 써요. 최근에는 기후 변화의 악영향이 점점 심각해지면서 '기후 위기'라는 말을 쓰기 시작했어요. 오늘날 기후 변화는 책에 나오는 과학 이론이 아니라 우리가 직접 보고 느끼고 있는 현상이에요. 1980~90년대와 지금을 비교해도 기후가 눈에 띄게 바뀐 것을 알 수 있어요. 사계절이 뚜렷한 우리나라의 기후가 아열대 기후와 비슷하게 바뀐 것이 한 예이지요.

기후 변화는 단순히 더워서 땀을 더 흘리게 만드는 문제만 일으키는 게 아니에요. 기후 변화의 영향 탓에 전 세계적으로 너무 덥거나 너무 추운 날씨가 자주 찾아와요. 뉴스를 보면 100년 만의 한파와 폭설, 100년 만의 무더위란 말이 자주 나와요. 폭풍이나 대규모 홍수도 이전보다 훨씬 더 빈번하게 일어나고요. 수온이 높아지면서 폭풍 구름이 수증기를 많이 머금기 때문이죠. 또 기온이 높아져 땅과 초목이 메마르면서 산불이 쉽게 일어나요. 6개월 동안 수억 마리의 동물들을 죽게 한 2020년 호주 산불의 원인도 기후 변화로 추측하고 있어요.

온난화로 세계 곳곳의 강과 호수가 말라붙고 있어요. 아프리카 중서부의 거대한 호수인 차드 호는 90% 이상의 물이 증발했어요. 호수가 바닥을 드러내자 농부들이 그곳을 경작해 농작물을 심는 기막힌 일이 벌어지고 있지요. 이러한 현상은 식량 생산 감소로 이어져요. 기후 변화로 벌어질 전 세계적 식량 위기를 걱정하는 목소리가 높아지고 있어요.

히말라야의 만년설, 그린란드와 남극의 빙하들이 빠른 속도로 녹고 있어요. 세계의 여러 빙하공원들은 앞으로 '한때 빙하가 있었던 공원'으로 바뀔 위험에 처해 있습니다. 세계지도 맨 위쪽을 보면 대서양과 북극해 사이에 하얗고 커다란 섬이 하나 있어요. 바로 면적의 80% 이상이 얼음으로 덮인, 세계에서 가장 큰 섬 그린란드입니다. 이곳에서 2019년 한 해 동안만 5천억 톤 이상의 빙하가 녹았어요. 2003년~16년 연평균 유실량보다 50%나 많은 수치라고 합니다.

거울이 햇빛을 반사하듯이 빙하는 태양열을 대기권 밖으로

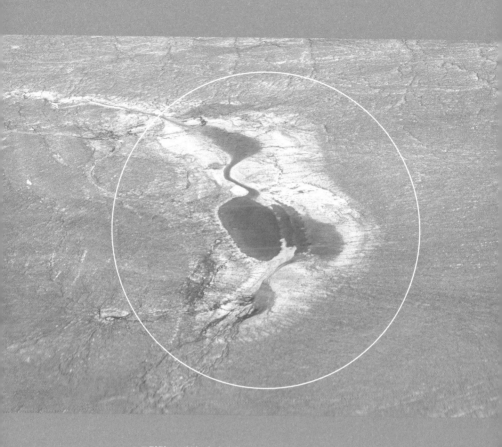

그린란드 빙하 사이에 호수가 생긴 모습이에요.
기후 변화 때문에 일어난 일입니다. 그린란드의 빙하는 녹았다
다시 얼어붙는 일을 반복하는데 최근에는 어느 양보다
녹는 양이 현저히 많아졌어요. 덴마크에서 발표한 자료에 의하면
2021년 7월에 3일 동안 녹은 빙하가 5cm 높이로
미국 플로리다 주를 다 덮을 정도라고 해요. 빙하와 눈이 사라지면
해수면이 높아지고 지구의 온도는 급격히 올라가요.
대책이 시급한 상황입니다.

튕겨 내는 역할을 해요. 빙하가 급격히 녹으면서 이 역할을 하지 못하게 되자 더 많은 태양열이 지구에 흡수되고 있어요. 기후 변화로 생긴 문제가 또 다른 기후 변화 문제로 이어지는 악순환이 반복되고 있는 것이지요.

해수면이 높아지면서 태평양과 인도양의 많은 섬들이 몇십 년 안에 바닷물에 잠길 것이라는 경고도 나오고 있어요. 이제 우리는 투발루, 몰디브, 팔라우, 피지 같은 아름다운 섬들을 볼 수 없게 될지도 모릅니다.

해수면이 단 1cm만 높아져도 수백만 명의 사람들이 홍수를 겪고 삶의 터전인 마을을 잃게 돼요. 전쟁으로 고향을 잃고 떠도는 전쟁 난민이 있듯이, 기후 변화로 마을이 바닷속에 가라앉아 갈 곳을 잃는 '환경 난민'이 곧 등장할 수도 있어요. 당장 기후 변화를 막지 않으면 실제로 벌어지게 될 일이죠.

인도네시아의 수도 자카르타는 기후 변화와 고층 건물 집중 건설로 점점 가라앉고 홍수도 많이 일어나고 있어요. 그러자 인도네시아 정부는 수도를 보르네오섬으로 옮기기로 결정했어요. '낮은 땅'이라는 의미를 지닌 네덜란드도 국토의 상당 부분이 해수면 상승으로 잠길 거라고 합니다. 이런 식이라면 세계의 해안선과 섬의 모습이 싹 바뀌면서 세계지도를 고쳐 그려야 할지도 모릅니다. 자연(自然)이라는 한자말의 의미는 '스스로 그러하다' 예요. 수백만 년, 수억 년 동안 변함없던 자연이었어요. 그런데

100년도 채 안 되는 시간에 수많은 것들이 바뀌었어요. 특히 지난 40년 동안 일어난 변화는 사람들을 당황하게 하고 충격에 빠뜨렸어요. 온실가스로 가득 찬 지구를 방치하는 것은 인류와 지구상 모든 생명체에 대한 범죄 행위나 마찬가지입니다.

어떤 사람들은 기후 변화는 이미 돌이킬 수 없다, 예전으로 돌아갈 수 없다고 주장하기도 해요. 하지만 아직 완전히 늦은 것은 아니에요. 지금 당장 온실가스 배출을 줄여서 자연과 생태계 파괴를 막는다면 최악의 상황은 피할 수 있습니다. 그 미지막 기회를 살릴지 날려 버릴지는 현재를 살아가는 인류의 손에 달려 있어요.

# 우리가
# 선택하지 않은
# 미래

"어떻게 이산화탄소 배출을 줄일까?" 이것은 환경에 관한 가장 뜨거운 주제예요. 몇몇 국가가 풀 수 있는 문제는 아니에요. 전 세계 국가들이 똘똘 뭉쳐야 겨우 결실을 볼 수 있을 거예요. 각국 지도자들은 기후변화회의를 열어서 온실가스 배출을 언제까지, 얼마나 줄일지 머리를 맞대고 고민하고 있어요.

18세기 후반부터 시작된 산업 혁명 이후 현재까지 지구의 평균 온도는 1도 정도 올랐다고 해요. 겨우 1도라고요? 단 1도만 올라도 대단히 위험하답니다. 사람도 체온이 1도 오르면 몸 어딘가에 이상이 생긴 것이죠. 무서운 질병의 증세일 수도 있고요. 지구 온도가 1도 올랐다는 것은 생태계에 대혼란이 벌어지고 있고, 엄청나게 많은 종이 사라지고 있다는 의미예요.

진짜 문제는 아직 드러나지도 않았어요. 지금 수준으로 온실가스를 배출하고 기후 변화를 방치하면 2040년쯤 지구 온도는 산업화 이전보다 1.5도나 더 오르게 돼요. 지구의 온도가 1.5도 높아지면 극한 기온은 8.6배 증가하고 집중 호우나 가뭄 같은 기상 이변도 2배 가까이 잦아질 가능성이 높아요.

오랜 고민과 협상의 결과로 1992년 세계 각국이 유엔기후변화협약에 서명한 이래 매년 기후변화회의를 열고 있어요. 주제는 늘 '온실가스를 누가, 얼마나 줄여서 지구 온도 상승을 막을까?'입니다. 2015년에는 195개국 대표들이 프랑스 파리에 모여 기후변화협약을 맺었어요. 지구 온도 상승을 2도 이하로 제한하고, 되도록 1.5도 이하까지 줄이도록 노력하자는 것이 이 협정의 목표예요.

늦은 감은 있지만 이제라도 협의를 했으니 다행이에요. 특히 유럽연합 국가들이 적극적으로 나섰어요. 산업 선진국으로서 100년 넘게 온실가스를 배출한 책임이 있기 때문이에요. 그런데 당시 미국 오바마 대통령이 주도한 이 파리기후변화협약을 그 후임인 트럼프 대통령이 탈퇴했어요. 심지어 트럼프 대통령은 지구온난화가 사기라고 주장했어요. 과학자들은 트럼프가 발뺌할 수 없는 지구온난화의 증거를 수북이 쌓아 놓고 있어요. 북극과 남극의 빙하 크기 변화, 해수면 높이 변화, 폭풍과 해일의 빈도수 등 부인할 수 없는 증거들이죠.

그렇다면 트럼프 대통령은 왜 기후변화협약을 탈퇴했을까요? 공장들이 금전적인 피해를 보고 일자리가 사라진다는 게 그 이유였어요. 이산화탄소 배출량을 떨어뜨리려면 공장들이 생산량을 줄이거나 생산 비용을 더 써야 해요. 그래서인지 미국의 여러 정유회사나 석유, 석탄을 많이 쓰는 회사들은 지구온난화를 확정된 사실이 아닌 '가설'로 여겨요. 담배가 몸에 안 좋다는 것을 가설이라고 주장하는 것만큼이나 상식을 벗어나는 생각이죠.

스웨덴의 청소년 환경운동가 그레타 툰베리는 그런 트럼프 대통령을 노려보고 비판한 것으로 유명해요. 트럼프 대통령은 "지금은 비관할 때가 아니라 낙관할 때"라며 "내일의 가능성을 수용하기 위해 우리는 비관론을 퍼뜨리는 예언자나 대재앙에 대한 그들의 예언을 거부해야 한다"고 했어요. 또한 "그들은 과거의 바보 같은 예언자들의 후손이다. (바보 같은 예언자들은) 1960년대에는 인구 과잉을 예언했고, 1970년대에는 대규모 기아 사태를 예언했으며, 1990년대에는 석유가 바닥난다고 했다"고 말했어요. 그레타 툰베리는 트럼프의 발언을 듣고만 있지 않았어요. 생태계가 무너지고 있는데 세계의 정치 지도자는 돈 타령, 경제성장 타령만 하고 있다고 비난했지요. 환경을 희생해서 돈을 벌겠다고? 환경보다 돈이 중요하다고?! 그건 지금의 어린 세대가 '선택하지 않은 미래'라는 것이죠.

트럼프의 후임인 조 바이든 대통령은 환경문제의 심각성을 깨닫고 행동하려는 정치가예요. 대통령 취임 첫날 파리기후변화협약에 재가입했고, 2050년까지 미국의 탄소 배출을 0으로 만든

그레타 툰베리가 분노하는 모습을 형상화한 환경보호 포스터.
"HOW DARE YOU?!"는
"어떻게 감히?!"라는 뜻이에요.
"어떻게 감히 지구를 망가뜨릴 수가 있냐"는 거죠.

다는 계획을 세웠지요.

오늘날 지구에서 기후 변화보다 시급한 문제는 없어요. 사람이 중병에 걸렸을 때는 다른 모든 문제가 우선순위에서 밀리기 마련이에요. 당장의 일자리, 회사의 이익을 보호하는 것도 중요하지만 통째로 망가지고 있는 지구의 건강을 지키는 일은 더욱 시급한 일이지요. 사실 비용과 이익만 따져 보아도 기후 변화를 무시하는 것은 큰 손해예요. 기후 변화로 생태계와 환경이 파괴되면 인류는 더 큰 비용을 치러야 해요. 환경 재난 복구 비용, 숲을 회복하는 비용, 사람들의 치료비, 생물 종이 멸종해서 생기는 손해 비용까지 줄지어 늘어나기 때문이죠.

지구의 미래를 걱정하는 것은 더 이상 환경운동가들만의 몫은 아니에요. 2020년 여름의 끝도 없는 장마와 폭우는 우리가 정말 '기후 변화의 시대'를 겪고 있음을 느끼게 해 주었어요. 엄청나게 쏟아지는 비는 단순하게 말하면 지구가 뜨거워져서 더 많은 물이 증발한 결과예요. 이것은 시작에 불과하다고 기상학자들은 말해요. 지금 당장 변화를 위한 행동을 시작하지 않는다면 이전에 없던 심각한 기후 재난을 계속 경험하게 될 거예요. 그래서 많은 이들이 2020년에서 2030년 사이 기간을 기후 변화를 막을 수 있는 최후의 10년이라고 말하고 있어요.

이미 1990년대부터 과학자들은, 극지방 만년설이 녹을 것이고 해수면을 상승시킬 것이라고 경고했어요. 30년이 지난 지금 그 말은 실제로 이루어졌고, 또 점점 더 심각하게 진행 중이에요. 지금의 과학자들은 더 무시무시한 말을 하고 있어요. "해수면은 계속 상승할 것이고 태평양 섬 국가들과 해안 도시들은 흔적도 없이 사라질 것이다." 우리는 지금 기후 변화를 막을 수 있는 최후의 10년을 살고 있습니다. 더 이상 지구가 아프지 않도록 마음을 모으고 지구를 살리는 실천을 할 때입니다.

# 종이컵,
# 스테이크,
# 그리고 청바지

　요즘 우리나라와 이웃 일본은 출생률이 현저히 떨어지고 있어요. 5천만 명을 넘은 우리나라의 인구는 지금 사상 최고치이지만, 몇 년 안에 인구가 줄 것으로 예상하고 있어요. 지금의 엄마 아빠들이 초등학교에 다닐 때는 아이들이 너무 많아서 오전반 오후반으로 나누어 수업을 했어요. 지금은 아이들이 줄어서 학교가 문을 닫기도 해요.

　하지만 세계적으로 볼 때 인구는 꾸준히 늘고 있어요. 내가 초등학교에 다니던 1980년대에는 미술시간에 포스터 그리기를 자주 했어요. 주제는 주로 통일, 공산주의 반대, 인구 폭발 등이었죠. 그때 흔하게 쓰던 표어가 "핵 폭발보다 더 무서운 인구 폭발"이었어요. 지구 그림 위에 50억을 써넣기도 했어요. 그때는 50억도 많다고 아우성이었는데 최근 유엔이 발표한 세계인구전망은 2050년까지 100억 가까이 늘어날 것으로 보고 있어요.

앞에서 인구가 늘어 식량 생산과 자원 소비가 늘어난다는 이야기를 했어요. 수많은 인구가 먹고 쓸 것을 생산하고 소비하는 것은 엄청난 쓰레기를 만드는 일이기도 해요. 인구 폭발 포스터를 그리던 1980년대에 환경 오염은 조금은 현실과 동떨어져 있고 교과서적인 이야기였어요. 하지만 2000년대 이후 그 심각성이 우리의 눈과 피부로 느껴질 정도가 되었어요. 과거에 환경운동가들이 외롭게 외치던 환경문제들이 이제는 모든 이들의 근심거리가 된 것이죠. 그래서 많은 사람들이 환경문제를 심각하게 여기고 작은 행동으로 지구를 살리는 일에 앞장서고 있어요.

플라스틱 사용을 줄이는 것은 요즘 많은 이들의 관심사예요. 어떤 사람들은 카페에 갈 때 텀블러를 가지고 가거나 플라스틱 빨대를 쓰지 않죠. 여러 나라 정부들도 관련 정책을 만들고 있어요. 캐나다는 2021년부터 비닐봉지, 빨대, 1회용 수저 등의 사용을 금지했어요. 베트남도 2025년부터 일회용 플라스틱 사용을 전면 금지한다고 해요.

착한 소비, 윤리적인 소비에 나서는 사람들도 많아졌어요. 우리는 물건이나 서비스를 돈 주고 산 당연한 대가로 여겨요. 하지만 따지고 보면 그 모든 것은 자연으로부터 온 거예요. 어떤 것은 자연을 남용하고 착취해서 얻은 결과이기도 하지요. 우리가 먹고 쓰는 모든 행동이 환경문제와 직결되어 있어요. '윤리적인 소비'란 자연이 건강한 상태로 지속 가능하도록 흔적과 피해를 남기지 않는 방식으로 상품을 구입하고 쓰는 거예요.

첫 번째 예로, 종이컵을 안 쓰거나 적게 쓰려는 노력을 들 수 있어요. 종이컵은 잘 썩는 것이니 환경문제와 상관없다고 생각할지 모르죠. 그런데 한국에서 1년 동안 쓴 일회용 종이컵에 들어간 나무는 20년생 나무 2천 만 그루가 훨씬 넘는다고 해요. 종이컵을 쓰기 전에, 지구에 산소를 불어넣는 나무들이 쓰러지는 장면을 상상해 본다면 어떨까요?

청바지와 환경 위기가 연관이 있다는 사실을 아시나요? 카자흐스탄과 우즈베키스탄 사이에는 한때 세계에서 4번째로 컸던 아랄해가 있어요. 청바지의 원료인 목화를 키우기 위해서는 물이 정말 많이 필요한데, 이 아랄해에서 끌어다 쓰고 있죠. 해가 바뀔수록 아랄해가 얼마나 심각하게 쪼그라드는지 위성사진으로 확인할 수 있어요. 청바지를 안 입을 수는 없겠지만, 지구의 물 자원을 어떻게 지켜 내야 할지 고민이 필요합니다.

세계에서 라면을 가장 많이 먹는 나라는? 정답은 대한민국이에요. 1년 동안 한 사람이 평균 74개를 먹는다고 하죠. 라면이나 과자는 보통 기름야자 열매에서 짠 팜유에 튀겨요. 인도네시아와 말레이시아는 전 세계 팜유 생산 1, 2위를 다투는데, 기름야자 농장을 더 짓기 위해 열대 밀림에 불을 질러 태우고 있어요. 이 거대한 밀림은 지구에 산소를 공급하고 공기를 깨끗하게 해 주는 지구의 '공기청정기'와 같아요. 이렇게 소중한 밀림이 훼손되

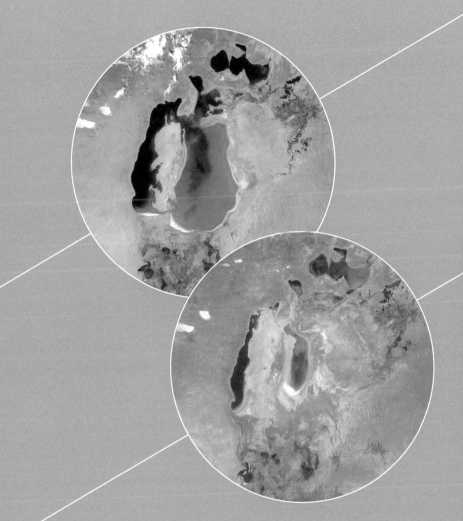

위쪽은 2000년의 아랄해,
아래쪽은 2018년의 아랄해예요.
바다의 면적이 완전히 쪼그라들었어요.
새 청바지를 사기 전에
이 사진을 한번 떠올려 봅시다.

는 것을 넘어 그곳에 사는 오랑우탄들이 타 죽거나 살던 곳에서 쫓겨나고 있어요. 라면을 먹기 전에 보르네오 밀림의 오랑우탄이 집을 잃고 헤매는 모습을 한 번이라도 떠올려 봅시다.

소고기를 구워 먹을 때도 밀림의 파괴를 떠올려야 합니다. 대규모로 소를 키우려면 거대한 목초지가 있어야 해요. 전 세계적으로 소고기 소비가 많아지면서 밀림을 불도저로 밀거나 숲에 불을 질러 목초지를 늘리고 있어요. 어떤 사람들은 밀림 파괴를 걱정한 나머지 소고기를 전혀 먹지 않아요. 소고기를 먹되 되도록 적게 먹으려는 사람도 있어요. 또 소고기는 양껏 먹는 대신 환경을 생각해 자동차 이용을 줄이고 걸어 다니는 사람도 있지요. 정답은 없어요. 각자에게 맞는 방식으로 환경을 생각하고 환경에 무해하게 소비하는 게 중요합니다.

시장에서 비닐봉지를 절대 쓰지 않는 환경운동가들이 있어요. 비닐봉지 몇 장 안 쓴다고 세상이 바뀌나? 극성스럽고 까다롭다고 생각할지도 몰라요. 하지만 우리가 살아가는 환경을 좋은 방향으로 바꾸어 주는 생각은 사람들 사이에 널리 전염되어요. 빗방울이 모여 마른 계곡에 물줄기를 만들듯 작은 생각의 변화가 확산되어 시대의 정신을 만들어 내지요. 환경을 지키려는 생각과 행동을 하는 사람이 오백 명, 오천 명, 오만 명, 오백만 명으로 늘어나면 세상은 바뀌게 되어요.

달리는 버스 안이나 식당에서 누가 담배를 피운다면 정말 몰

상식한 사람이거나 미친 사람이라고 생각할 거예요. 경찰에 신고하는 사람도 있겠죠. 하지만 1980년대만 해도 사람들은 식당, 버스, 기차, 비행기, 아이들이 뛰어노는 안방에서도 담배 연기를 훅훅 날렸지요. 지금은 옆집에 담배연기가 새어 나갈까 봐 자기 집에서도 담배를 마음대로 못 피는 시대가 되었어요. 마찬가지로, 오늘날 우리에게 익숙한 환경오염 행위들이 미래 세대에게는 상상할 수 없는 일이 되어 있을 거예요. 제발 그렇게 되었으면 좋겠습니다.

영화에서 증기기관차를 본 적이 있나요? 삽으로 석탄을 퍼서 활활 타는 아궁이에 넣으면 열차는 힘을 내어 달리죠. 그런 운송 수단을 쓰던 시대가 있었다니 정말 신기하죠. 휘발유나 경유로 달리는 자동차가 그러한 구시대 유물이 될 날이 멀지 않았어요. 자동차들이 서서히 전기차와 수소차로 대체되는 중입니다. 길을 가다 보면 예전보다 전기차가 많이 늘었다는 사실을 쉽게 알 수 있어요. 이런 과정을 거치다 보면, 미래 세대는 조상들이 썩지 않는 플라스틱 쓰레기를 날마다 산처럼 쌓아서 바다에 퍼부었다는 사실에 깜짝 놀라게 될 거예요.

# 무한리필
# 공짜 에너지

기후 변화가 고민이지만, 인류에게는 세상을 돌아가게 할 에너지가 필요해요. 이제 우리는 우마차를 끌고 당나귀나 낙타를 타고 다니던 시절로 돌아갈 수 없어요. 밤중에 시험공부를 하려고 호롱불을 켜거나 반딧불이를 잡을 수도 없고요. 미국의 아미시 공동체처럼 문명을 거부하고 전기조차 쓰지 않는 사람들도 있지만 대부분의 인류는 그런 삶을 원하지 않죠. 그러니 화석연료 태우는 것에 반대하려면 어떤 대체 에너지를 써야 할지 대안을 내놓아야 해요. 다행히 인류에게는 대안이 있어요. 깨끗한 연료인 재생 에너지가 바로 그 해답이에요.

재생 에너지에 대해 알아보기 전에 먼저 알아야 할 사실이 있어요. 우리가 쓰는 전기는 어디서 오는 것일까요? 우리나라에서는 전기의 3분의 2 가까이를 화력 발전으로 만들어요. 화력 발전의 원료는 기후 변화의 '적'인 석탄, 석유, 가스예요. 전기 생산량의 나머지 3분의 1 정도를 원자력으로 생산해요. 원자력 발전소를 24기나 돌리는 우리나라는 세계 5번째로 원자력 발전소가 많은 국가랍니다. 원자력은 당장의 공기 오염은 없지만 다 쓰고 난 핵연료의 방사능 물질이 골칫거리예요. 방사능 독성이 사라지는 데 10만 년이 걸린다고 할 정도로 위험한 물질이거든요. 체르노빌(1986년)과 후쿠시마(2011년) 원전 사고가 보여 주듯 사고가 나면 도시를 폐쇄해야 할 정도로 심각한 재난이 일어난다는 점도 원자력 발전을 꺼리는 이유이지요.『빌 게이츠, 기후재앙을 피하는 법』이라는 책에서 빌 게이츠는 유일하게 탄소를 발생시키지 않는 에너지원으로 원자력 발전을 꼽았어요. 빌 게이츠는 원자력이 얼마나 위험한지는 누구나 다 알지만 기술을 발전시켜 더 안전하게 만들면 된다고 주장해요. 하지만 아무래도 원자력은 우리가 추구해야 할 깨끗하고 안전한 에너지원과는 거리가 멀어요. 사고와 방사능 쓰레기 문제는 너무나 치명적이지요.

그에 비해 태양, 바람, 수력, 조력, 지열 같은 재생 에너지는 깨끗하게 생산할 수 있고 쓰레기가 남지 않아요. 원자력처럼 위험한 쓰레기가 생기지도 않지요. 화력발전소에서 쓰는 석탄, 석유나 원자력 발전소에 쓰는 우라늄은 퍼다 쓰면 닳아 없어져요. 하지만 태양, 바람, 물은 그것이 존재하는 한 공짜로 쓸 수 있어요. 아무리 써도 없어지지 않고 지속적으로 쓸 수 있기 때문에 '재생'이란 말을 붙인 거죠.

태양열로 에너지를 만드는 발전소를 솔라팜(Solar farm), 풍력으로 에너지를 만드는 발전소를 윈드팜(Wind farm)이라고 부른답니다. 지금까지는 뭔가를 태워서 에너지를 생산하는 방식이었다면, 이제는 자연 속의 깨끗한 자원을 끌어 쓰는 것으로 바뀌고 있어요.

바이오연료라는 말을 들어 본 적 있나요? 바이오연료는 식물을 수확해서 에너지로 바꾸는 기술이에요. 쉬운 예로, 캠핑을 가면 참나무 장작으로 불을 지피는데 이것도 일종의 바이오연료예요. 인도나 몽골에서는 아직도 소똥이나 낙타똥으로 불을 지펴

솔라팜과 윈드팜의 모습.
깨끗한 에너지 발전소들이 많아져서
미세먼지 어플을 보지 않아도 되는 날이
빨리 왔으면 좋겠습니다.

식사를 준비하죠. 동물 똥에서 나오는 메탄가스를 원료로 이용하는 거예요. 옥수수나 콩에서도 에탄올 같은 바이오연료를 뽑아 낼 수 있어요.

재생 에너지 기술과 그 산업을 이끌고 있는 것은 북유럽 국가들이에요. 특히 덴마크는 2050년까지 화석에너지 사용을 0%로 만들고 에너지의 100%를 신재생으로 쓰겠다는 목표를 세웠어요. 국제에너지기구(IEA)는 앞으로 50년쯤 지나면 재생 에너지가 전 세계에 필요한 에너지의 대부분을 공급하지 않을까 기대하고 있어요. 그 꿈은 적어도 유럽에서는 현실에 가까워질 전망이에요.

지금까지는 재생 에너지를 생산하는 비용이 높은 것이 문제였어요. 수준 높은 기술과 경험도 필요하고요. 그래서 처음에 인도를 비롯한 몇몇 저개발국가들은 화석 연료 사용을 줄여 온실가스 배출을 줄이자는 주장에 반대했어요. 수많은 사람들에게 전기를 공급해 주어야 하고 산업 개발도 한창인 상황에서 값이 싼 석탄 화력발전을 포기할 수 없었던 것이죠.

하지만 기술의 발달로 신재생 에너지를 생산하는 비용이 점점 낮아지고 있어요. 재생 에너지가 모두가 찾는 기술이 되고 관련 시장이 커진다면 가격은 더 낮아질 거예요. 여기에는 우리 각 사람의 생각이 바뀌는 게 중요해요. 정치인들에게만 의존하면 미국의 예처럼 대통령이나 정치 세력이 지금까지 해 온 약속을 뒤집어 버릴 수 있어요. 또 당장의 이익에만 관심 있는 일부 기업들은 온실가스 감축을 위해 노력하거나 투자하고 싶어 하지 않아요. 하지만 모든 국민이 재생 에너지의 필요성을 외치고 그것이 큰 흐름과 표준이 되게 한다면 정부와 기업도 그 뜻을 따라갈 수밖에 없어요.

당장은 화석에너지가 더 싸다고 생각할지 몰라요. 하지만 기후 변화가 심각해지면 더 큰 비용을 치르게 될 거예요. 길게 보면 기후 변화를 막아 지구 생태계를 지키는 것이야말로 비용도 적게 들고 경제성장을 지속하게 만드는 방법이에요. 이러한 이유로 많은 이들은 이제 화석연료에 의존한 지구 문명을 끝내야 한다고 주장하고 있어요.

수출 강국인 우리나라는 에너지도 많이 쓰고 이산화탄소 배출(1인 기준)도 세계 4위나 돼요. 반면 재생 에너지 비율은 유럽 국가들에 훨씬 못 미치는 수준이에요. 하지만 해상 풍력 단지, 태양광 단지를 세워 재생 에너지를 확대하려고 노력하고 있어요. 매년 화력, 원자력 에너지를 조금씩 줄이고 재생 에너지를 몇 퍼센트라도 늘리는 식으로 변화를 이루어 가고 있고요. 고혈압 환자가 "기름진 고기와 패스트푸드를 줄이고 매일 야채와 과일을 드세요"라는 의사의 조언을 따르는 것처럼요.

# 옛날 옛적에
# 북극곰이
# 살았더랬지

　도도새에 대해서 들어 본 적이 있나요? 한때 수십만 마리가 살았지만 이제 지구상에 한 마리도 남아 있지 않은 멸종 새를 생각하면 마음이 아리고 씁쓸해요. 도도새는 인도양의 모리셔스 섬에서 오랫동안 평화롭게 살았어요. 그런데 16세기 유럽 사람들이 원숭이, 쥐 등과 함께 이 섬에 들어오면서 재앙이 시작되었어요. 사람들은 무분별하게 도도새를 포획했고 외부에서 유입된 동물들은 도도새를 위협했어요. 날지도 못하고 사람을 경계할 줄도 모르는 이 새들은 이후 약 백 년 만에 멸종되었어요. 멸종된 지 300년이 지난 지금 도도새는 그림으로만 남아 있답니다.

　멸종 이야기는 도도새로 끝나지 않았어요. 이후로도 셀 수 없이 많은 동식물이 멸종 생물 명단에 이름을 올렸어요. 또 멸종 예정 명단에 올라 있는 동물들도 있어요. 그중에는 깊은 밀림 속 이름 모를 새와 곤충 외에도 동물원 인기순위 상위권에 있는 동물들도 포함되어 있어요.

　현재 지구상에는 북극곰이 2만 마리 정도밖에 남아 있지 않아요. 2만 마리라면 몇 십 년 내에 멸종해도 이상하지 않을, 매우 적은 숫자예요. 북극곰의 생존을 위협하는 건 기후 변화예요. 기온이 높아져 빙하가 녹자 북극곰이 주로 먹는 바다표범 같은 먹이들이 줄어들었어요. 바다표범은 빙하 위에서 서식하는데 빙하가 녹아 서식지가 사라졌기 때문이에요. 북극곰은 굶어 죽거나 사람들이 사는 마을까지 내려와 쓰레기통을 뒤지기도 해요. 심지어 얼음이 다 녹은 바다를 헤엄치다가 쉴 곳이 없어 익사하기도 하죠.

북극곰이 살 곳을 잃으면 인간인 우리도 곧 그렇게 될지 모릅니다.

많은 사람들이 그런 북극곰의 모습을 안타깝게 지켜보고 있어요. '북극곰이 멸종 위기라니… 북극곰이 없는 북극은 상상하고 싶지도 않아요'라고 생각하는 이들이 많을 거예요. 공룡 박물관에 가면 매머드 모형이 있어요. 기원전 4천 년 전까지 지구에 잘 살고 있었지만 이후 멸종되었어요. 지구온난화로 얼었던 땅이 녹는 요즘, 미라가 된 매머드가 종종 발견되기도 하죠. 북극곰이 멸망한 어느 미래에 북극곰 미라가 매머드 미라 옆에 함께 전시된다면 정말 슬픈 일일 거예요.

여러분의 고손자는 이렇게 말하겠죠. "우아, 우리 고조할머니가 어린이집 다닐 때는 서울대공원에 진짜 북극곰이 있었대!" 유전공학이 발전하면 살려 낼 수 있지 않을까요? 영화 〈쥬라기 공

원)에서 공룡 DNA로 공룡을 살려 내는 이야기는 다 공상이랍니다. 공상이 아니라고 해도, 있는 북극곰을 지키는 게 훨씬 더 쉽지요. 인류에게는 후손들에게 북극곰을 박제가 아닌 살아 있는 그대로 만나게 해 주어야 할 의무가 있어요.

멸종 위기에 몰린 동물들은 줄줄이 이어집니다. 쇠기러기, 북극고래, 황제펭귄, 황금두꺼비, 남극물개, 수마트라코뿔소, 자이언트판다, 따오기, 자이언트땅거북…. 어떤 사람들은 이렇게 말할지 몰라요. "북극곰 안 보고 살면 됨! 보고 싶으면 유튜브로." 그렇게 간단한 문제가 아닙니다. 곰이 살 수 없는 지구는 사슴도 돼지도 인간도 살 수 없는 곳이 되거든요. 이러다 어떤 환경에서도 끈질기게 살아남는다는 바퀴벌레만이 활개 치는 지구가 될지도 모르지요.

지구 생태계가 이렇게 거대한데 생물 몇 백 종쯤 멸종되는 게 무슨 큰일이냐고 생각할 수도 있겠지요. 하지만 생물 종 하나가 사라지면 다른 생물 종의 생존까지 도미노처럼 와르르 무너지는 연쇄반응이 일어날 수 있어요. 생태계는 정교하고 복잡미묘해요. 동식물과 미생물이 함께 어우러져서 각자의 기능을 하면서 유지되지요. 한 생물 종이 생태계 전체를 위해 어떤 일을 하는지 우리는 다 알지 못해요. 그래서 한 종이 사라지면 예측하지 못했던 재앙이 닥치기도 합니다.

가장 단순한 예가 먹이그물이에요. 산길에서 〈도토리 줍지 마세요. 다람쥐에게 양보하세요〉라는 안내판을 본 적이 있을 거예요. 어르신들이 도토리묵을 해 드시려고 도토리를 줍는 일이 종종 있어요. 숲에 도토리가 없어지면 다람쥐가 굶어죽고 다람쥐를 사냥하는 족제비나 여우까지 잇달아 굶게 되어요.

단 하나의 동물이 전체 생태계에 얼마나 절대적인 영향을 주는지 늑대의 경우가 잘 보여 줍니다. 숲에서 늑대가 멸종하면 사슴 같은 초식동물의 수가 무시무시하게 불어나요. 그러면 초식동물이 울창한 풀과 꽃나무를 다 뜯어먹고 숲은 황량해져요. 개울가의 수풀도 모조리 사라지고요. 그 결과 살 곳이 없어진 토끼와 쥐의 수가 줄고, 작은 동물을 먹이로 삼는 매, 여우의 수도 줄어들어요. 결국 숲 전체의 생태계가 무너지게 되지요.

생태계는 생물다양성으로 스스로를 보호해요. 생물다양성은 말 그대로 '생물이 다양하다는 것'을 의미합니다. 자연이 쉽게 무너지지 않는 것은 생물다양성 때문이에요. 앞서 본 예처럼 생물다양성이 먹이그물을 지탱해 주어요. 생물의 좋은 같은 종 안에서도 분화가 되어요. 예를 들어, 민들레는 높은 지대와 낮은 지대에 사는 종으로 나뉘어요. 사과나 귤의 품종은 지역과 풍토에 따라 정말 다양하고요. 개의 종도 다 꼽을 수 없을 만큼 각양각색이죠. 다양한 종이 있으니까 하나가 공격을 받아도 다른 종들로 복원이 돼요. 생물다양성은 우리의 건강을 위해서도 꼭 필요해요. 온갖 질병을 고치는 치유 물질이 다양한 식물 안에 들어 있거든요. 식물의 유전적 다양성이 사라지면 우리가 약으로 쓸 수 있는 물질도 그만큼 사라지게 됩니다.

이렇게 중요한 생물다양성에 문제가 생기고 있어요. 왜 그럴까요? 사람이 원인이에요. 사람들은 지구의 생명체들을 마구 잡아들이고 있어요. 호랑이는 가죽뿐 아니라 약으로 알려진 고기와 뼈 때문에 불법으로 포획하는 일이 많아요. 지구상에 4천 마리도 안 남아 있어 보호가 시급하죠. 코끼리와 코뿔소는 상아와 뿔을 노린 사냥꾼들의 위협으로 쓰러져 가고 있어요.

최근 브라질 해안가에서 죽은 혹등고래가 많이 발견되고 있어요. 2021년 상반기에만 48마리가 발견되었다고 합니다. 혹등고래의 주식은 크릴새우인데, 최근 들어 크릴오일 등 크릴새우를 이용한 가공식품이 각광을 받으면서 혹등고래의 먹거리가 많이 부족해졌어요. 그래서 굶어 죽거나 해안가로 먹을 것을 구하러 나오는 일이 많아지고, 어부들이 쳐 놓은 그물에 얽혀서 죽는 일들이 빈번하게 일어나고 있어요. 크릴오일이 얼마나 몸에 좋을지는 모르겠어요. 하지만 수많은 먹거리들을 두고 혹등고래의 먹거리까지 빼앗는 건 너무 잔인한 일이 아닐까요?

# 동물의 영역
# 인간의 영역

영역 표시를 하는 동물을 본 적이 있나요? 영역 표시는 동물의 본능이에요. 동물들에게 먹이를 구하고 번식할 장소를 찾고 집을 짓는 것처럼 중요한 일은 없어요. 집 뒷산에는 까치, 박새, 직박구리, 오목눈이, 어치, 산비둘기가 째재잭 울어요. "나 여기 살아. 여기가 우리 동네라니까" 하고 노래하는 것 같아요. 여기 번쩍 저기 번쩍 뛰어다니는 청설모도 나무줄기 어딘가에 숨겨 둔 보금자리가 있어요. 참나무와 벚나무들도 계절마다 옷을 갈아입으며 자기 자리를 지키고 있어요. 쓰러진 고목을 들추면 일개미들이 줄지어 움직이고 있어요. 행군하는 개미들을 따라가 보면 성채와 같이 단단한 집이 지어져 있지요. 이처럼 모든 생물들은 각자의 둥지와 울타리가 있어요. 그런데 전 세계적으로 생물들의 서식지가 파괴되면서 갈 곳이 없는 생물들이 늘어나고 있어요.

"천성산에 터널을 뚫는 것에 반대합니다. 터널이 생기면 계곡도 사라져요. 그럼 우리 도롱뇽들은 어디에 알을 낳고 살라는 거죠?" 이것은 '도롱뇽의 친구들'이라는 환경 단체의 주장이에요. 환경 운동가들은 고속철도 터널 공사에 반대하는 소송을 내면서 도롱뇽을 원고로 내세웠어요. 2003년에 있었던 유명한 '도롱뇽 소송'에서 우리나라 법원은 사람이 아닌 도롱뇽이 소송 당사자가 될 수 없다고 판결을 내렸어요. 하지만 외국에서는 동물이 소송 당사자로 인정받는 일이 종종 있어요. 이웃 일본에서는 비슷한 환경 소송에서 토끼를 원고로 해 승소한 일이 있었죠. 동물들이 말을 할 수 있고 법적인 권리가 있다면 전국이 소송으로 난리가 날 거예요.

생물 서식지 파괴의 주범은 인간입니다. 외계인이 다녀간 흔적이 없는 것으로 보아 확실하죠. 인간은 그저 집을 짓고 다리를 놓고 목재를 마련하고 갯벌을 개간할 뿐이라고 말하겠지요. 하지만 인간이 '개발'이라고 부르는 여러 활동은 동물 입장에서는 집을 빼앗기고 고향이 송두리째 파괴되고 먹이를 구할 장소가 사라지는 끔찍한 경험이에요. 배고픈 설움과 함께 집 없는 설움은 인간에게나 동물에게나 견디기 힘든 고통이죠. 부엉이가 살던 오래된 숲을 불도저로 밀어 버렸어요. 밤나무 몇 그루만 휑하니 남고 졸지에 집 없는 부엉이가 되었어요. 작년에 들렀던 서해 갯벌이 그새 매립되어 땅으로 바뀌었어요. '이 갯벌만 믿고 시베리아에서 수천 킬로미터를 날아왔는데…' 쉴 곳도, 캐 먹을 조개도 없고 목적지인 호주까지 날아갈 힘도 남지 않은 도요새들은 이곳에서 굶어 죽게 돼요.

지구의 기후는 다양하고 거기에 맞는 다양한 생물들의 집단이 존재해요. 동물들은 각자의 생존 조건에 맞는 온도와 기후대를 보금자리로 삼고 살아요. 기온, 물의 맑기, 식물의 분포 같은 환경 조건이 조금만 틀어져도 생존이 어려워져요. 동물들에게 서식지를 유지하는 것은 생존이 달린 중요한 문제예요.

또 인간과 동물은 각자의 경계가 구분되어 있어요. 멧돼지가 도심 한가운데 나타나는 일도, 농부가 땔감을 구하러 호랑이보호구역 안에 들락거리는 일도 없어야 하겠죠. 서로 경계를 침범하지 않는다면 모두 조화롭게 살아갈 수 있어요. 지구는 인류의 전유물이 아니고 지구의 모든 생물들과 나누어 쓰라고 있는 곳이에요. 깨알만 한 벌레와 곤충에 이르기까지 모든 생명체들은 지구상에 깃들어 사는 당당한 구성원이죠.

그럼에도 인류는 이 '함께 쓰는 지구'에서 다른 생물들의 자리를 꾸준히 밀어 냈어요. 1974년 세계 인구는 39억 명이었어요. 그런데 반세기도 채 지나지 않은 2021년에 78억 명을 넘어섰어요. 식량이 2배 더 필요하다는 의미죠. 도시 면적도 늘어났어요. 유엔에 따르면 세계 인구의 55%가 도시에 살아요. 30년 전만 해도 서울 변두리에는 밭과 실개천이 있었어요. 서울 근교에도 반

덧붙이를 볼 수 있는 동네가 있었죠. 집 지붕 아래 제비가 둥지를 트는 것은 흔한 일이었어요. 하지만 전 세계적으로 인구가 늘고 도시가 확대되면서 숲, 밀림, 들판, 호수, 개울같이 동물들이 좋아하는 자연 서식지가 사라졌어요. 그 대신 아파트와 쇼핑몰, 아스팔트 도로, 목축지가 생겨났죠. 그렇게 인구와 도시가 늘어감에 따라 멸종하는 생물들이 점점 추가되고 있어요.

멸종 위기에 처한 동물들의 소리 없는 아우성은 나날이 높아지고 있어요. 다행스럽게도, 동물들과 조화롭게 살아가지 않으면 인류의 미래도 없다고 믿는 사람들이 늘어나고 있어요. 생물들 하나하나가 얼마나 소중하고 가치 있는지 알게 되었기 때문이죠. 또 생태계의 연결 고리가 끊어지거나 망가지면 인류까지 위태로워진다는 것도 깨닫게 되었어요. 바이러스 감염병은 그러한 위험 신호 중 하나예요.

에볼라, 코로나 바이러스 등은 야생동물을 숙주로 삼고 있다가 인간에게 전염되어요. 이것들은 원래 야생동물 몸속에서 꼬물거리던 바이러스이고 인간과는 만날 일이 없었어요. 그런데 인간이 열대 우림의 야생동물 서식지를 무분별하게 파괴하면서 바이러스가 사람이 사는 세계에 노출된 것이죠. 더 큰 문제는 지금까지 우리에게 알려진 바이러스는 극히 일부라는 사실이에요. 인간이 아직 파헤치지 않은 어느 깊은 숲속에 코로나보다 훨씬 더 강력한 바이러스가 숨어 있을지도 모릅니다. 지구온난화로 빙하가 녹으면서 그 안에 갇혀 있던 고대 바이러스가 인간에게 전염된 사례도 있어요. 바로 탄저균인데요. 시베리아의 동토가 녹으면서 순록의 사체가 드러났고 그 안에 숨어 있던 탄저균이 사람에게 퍼졌어요. 동물들을 위해, 그리고 우리 인류를 위해 서식지를 보호하고 지구를 건강하게 지키는 것이 얼마나 중요한지 되새기게 하는 사실입니다.

# 꿀벌들아
# 돌아와

어느 날 꿀 따러 나간 벌들이 집에 돌아오지 않았어요. 갑자기 흔적도 없이 싹 사라진 거죠. '꿀벌 실종 사건'은 실제로 일어나고 있고 세계 곳곳에서 관찰되고 있어요. 사람들을 더욱 어리둥절하게 한 것은 어디서도 이 꿀벌들의 사체가 발견되지 않았다는 거예요. 엄청난 수의 꿀벌이 사라진 미국에서는 꿀벌을 멸종 위기 생물로 지정했어요.

'꿀벌이 사라지는 게 뭐 어때서. 꿀을 못 먹게 된다고? 우리에겐 설탕과 올리고당과 옥수수시럽이 있어!'라고 생각한다면 엄청난 착각이에요. 꿀벌의 역할은 달콤한 꿀을 만드는 게 전부가 아니에요. 꿀벌은 식물의 꽃가루를 옮기는 수분 활동을 해서 열매를 맺도록 도와요. 꿀벌이 이 역할을 하지 않으면 열매가 열리지 않아요. 결국 식물들은 생식을 멈추고, 인간과 동물들은 열매를 못 먹게 되는 대혼란이 일어날 거예요.

꿀벌의 장소와 인간의 장소, 북극곰의 운명과 인간의 운명이 따로 있지 않아요. 우리는 하나로 연결되어 있어요. 꿀벌 외에도 모든 생물들이 생태계에서 각자 고유한 역할과 임무를 맡고 있어요. 우리가 알고 있는 역할도 있지만 아직 모르고 있는 역할도 정말 많아요. 과학자들은 호기심 많고 부지런하지만 모든 것을 다 알고 있지 않아요. '알아 가는 과정 중'에 있거든요. 어쩌면 과학자들이 밝혀내지 못한 꿀벌의 역할이 더 있을지도 모릅니다.

앞에서도 이야기한 모리셔스 섬에서 멸종한 도도새는 혼자서만 멸종한 것이 아니에요. 도도새와 친하게 지내던 카바리아 나무까지 함께 멸종했지요. 도도새는 카바리아 나무 열매를 먹고 똥을 누는 방식으로 그 씨앗을 퍼트렸어요.

꿀벌 실종의 원인 중 하나로 전자파를 꼽는 과학자들이 있어요. 세계적인 학술지 '곤충학 리뷰'(Entomological Review)에 따르면 전자기 방사능에 노출된 곤충들은 음식에 대한 의욕이 1.2배 감소했고 단기 기억력은 1.6배나 나빠졌다고 합니다.

최근 과학자들은 도도새가 멸종한 시점에 카바리아 나무도 번식을 멈추었다는 사실을 밝혀냈어요. 도도새 말고는 카바리아 나무의 씨앗을 퍼트려 줄 이가 없었던 거예요.

우리에게 좀 더 가까이 있는 예를 들어 볼까요? 다람쥐들은 참나무가 번식할 수 있도록 도와줘요. 다람쥐는 참나무 아래에서 주운 도토리를 숲속 이곳저곳에 감추어 둡니다. 나중에 꺼내 먹으려고 저장하는 것인데, 다람쥐가 그 장소를 다 기억할 수는 없나 봐요. 다람쥐에게 잊힌 도토리에서 참나무 새싹이 돋아나요. 시간이 지나면 우리는 알게 돼요. 앙증맞고 귀엽게만 보였던 다람쥐가 거대한 참나무 숲을 이루게 했다는 사실을요. 만약 다람쥐가 멸종한다면 누가 참나무의 번식을 도와줄까요? 식물학자들이 할지도 모르지만 다람쥐처럼 잽싸고 효율적으로 하지는 못할 거예요. 곧 "다람쥐야 돌아와"라고 울부짖게 되겠죠.

이처럼 다양한 동식물들은 각자의 독특한 위치에서 그 역할을 수행하며 생태계 전체를 이롭게 해요. 서로 연결되어 있지요. 있어도 그만 없어도 그만인 생물은 없어요. 곤충 한 종까지 모두가 소중해요.

인류는 생태계의 가장 높은 꼭대기에서 통치하는 역할을 한다고 생각하기 쉽지만 사실은 그렇지 않아요. 인류라는 종 역시 그 일부에 지나지 않고 다른 생물들과 잇대어 서로 의존하는 관계예요. 따라서 꿀벌이나 북극곰이 살아갈 자리를 잃으면 결국 언젠가 인간도 생존하기 어려워요. 그런 관점에서 보면, 인간을 포함한 지구상의 모든 동식물은 서로 연결되어 도움을 주고받는, '지구 생명체'라는 하나의 종이라고 말할 수 있어요. 물론 서로의 경계와 선을 지키지 않는다면 서로를 이롭게 하는 연결은 불가능할 거예요.

## 나는
## 핵무기가
## 싫어요

환경문제 외에도 지구 생태계를 위협하는 문제는 더 있어요. 1940년대에 개발된 핵무기는 미국과 소련의 냉전 시대를 거치면서 그 수가 엄청나게 늘어났어요. 핵무기 생산 국가들도 더 생겨났고요. 냉전이란 말이 의미하듯, 실제 핵무기를 사용하진 않지만 언제라도 전쟁이 일어날 수 있는 싸늘한 갈등과 위협이 계속되었어요. 물론 인류 역사를 통틀어 서로 죽고 죽이는 일이 멈춘 적은 없었어요. 하지만 수십만 명에서 수백만 명을 무차별적으로 단번에 죽일 수 있는 무기는 핵무기가 유일했어요.

1970~80년대는 핵전쟁의 공포로 가득했어요. 미국과 소련의 핵전쟁을 주제로 한 영화 〈그날 이후〉가 1983년에 개봉되어 사람들에게 엄청난 충격을 주었죠. 소련이 발사한 핵미사일이 미국 캔자스에 떨어져 붉고 거대한 버섯구름이 솟아나는 장면은 분명 지어낸 이야기인데 실제로 있었던 일처럼 생생했어요. 사

람들은 악 소리도 못 낸 채 먼지처럼 사라지고 건물도 종잇장처럼 타 버렸어요. 지하에 대피해 살아남은 사람들은 방사능에 오염된 바깥세상으로 나갈 수 없었어요. 지하에서 통조림을 먹으며 두려운 나날을 보내게 되죠.

지금까지 인류가 전쟁에서 경험한 핵무기는 1945년 일본 히로시마와 나가사키에 떨어진 원자폭탄뿐이에요. 모든 것을 녹이는 불덩이 심지가 타오르며 열폭풍이 불고 하늘은 까뭇까뭇 지워져 갔어요. 엉겨 붙어 녹은 엄마와 아기, 숯더미가 된 사람, 방사능에 오염돼 고통에 시달리는 환자들의 참상이 이어졌어요. 당시의 원자폭탄은 갓 개발된 원시적인 형태였어요. 그 뒤를 이어 원자폭탄보다 수천 배 강력한 수소폭탄이 개발되었어요. 하지만 히로시마 원자폭탄만으로도 공포와 두려움을 주기에 충분했어요. 아무도 그 무기를 다시 쓸 엄두를 내지 못했죠. 그럼에도 미국과 소련은 경쟁적으로 핵무기를 계속 만들어 냈어요.

인류는 빙하기, 혜성 충돌, 홍수, 지진 같은 자연의 대재앙을 겪어 왔어요. 인간의 힘으로 바꾸거나 통제할 수 없는 것이죠. 그런데 20세기의 인류는 지구 문명과 생태계를 통째로 절멸시킬 수 있는 무기를 스스로 만들어 냈어요. 핵전쟁의 공포와 부담에 시달린 미국과 소련이 결국 서로 합의해 핵무기를 줄이기로 했어요. 1980년대 냉전 시대에 두 나라 합쳐 6만 개가 넘었던 핵무기가 2010년대 이후 1만 3천 개 정도까지 줄어든 것으로 추정하고 있어요.

하지만 이것으로는 충분하지 않아요. 지금 있는 핵무기만으로도 여전히 지구를 수십 번 파괴할 수 있기 때문이죠. 우리 집창고에 다이너마이트 수백 상자가 있다고 상상해 보세요. 예전에는 700상자였는데 지금은 100상자밖에 없으니 '아, 이제 우리집은 7배 안전해졌어'라고 안심할 수 있을까요? 한 상자도 없어야 안전하지요. 한 상자만 폭발해도 우리 집과 이웃집 서너 채가폭삭 주저앉기 때문이죠.

인구 수백만 명이 넘는 대도시와 그 주변까지 잿더미로 만드는 데는 핵무기 단 한 발이면 충분해요. 핵무기를 하나도 남김없이 폐기해서 역사의 유물로 만들지 않는 한 인류와 지구 전체는여전히 그 위협 아래 사는 것이죠.

핵무기는 전쟁 무기를 넘어 정치, 외교적인 힘을 상징하기도해요. 일단 한번 손에 넣으면 그 힘의 위력을 알게 되고 그것을내려놓고 싶은 생각이 들지 않아요. 미국이나 러시아 대통령이해외를 순방할 때면 핵무기 발사에 필요한 가방을 든 장교가 동행하는 것을 볼 수 있어요. 프랑스 대통령은 후임 대통령에게 자리를 물려줄 때 핵 비밀코드를 넘겨준다고 해요.

오늘날 핵무기를 지구상에서 완전히 몰아내는 것은 더 어려워졌어요. 핵무기를 보유한 국가들이 더 늘어났거든요. 미국, 러시아, 영국, 프랑스, 중국 같은 군사 강대국 외에 인도, 파키스탄,

북한, 이스라엘도 핵무기를 보유하고 있어요. 국제사회는 핵확산금지조약을 통해 핵무기를 가진 나라가 늘어나지 않도록 관리하고 있어요. 특히 북한이 핵무기를 포기하도록 설득하는 것은 현재 미국과 유엔의 최대 관심사 중 하나예요.

핵무기에 대한 우려는 1980년대만큼 높지는 않아요. 하지만 핵전쟁의 위협은 한 국가의 잘못된 판단으로 들이닥쳐 모든 것을 단번에 무너뜨릴 수 있습니다. 그러니 우리는 핵무기의 위험성에 대해 제대로 인지하고 있어야 해요.

## 제2의
## 지구를 찾아서

고대 그리스 철학자들은 대우주, 소우주라는 개념을 생각해 냈어요. 우주가 대우주라면 인간의 몸은 소우주예요. 우주가 그렇듯 우리 몸도 여러 복잡한 구성물이 서로 조화와 질서를 이루고 있어요. 인체를 자세히 살펴보면 우리가 하나의 우주라는 생각이 과장이 아닌 것 같아요.

우리 몸은 30~50조 개의 세포로 구성되어 있어요. 시계 초침이 똑딱 하는 순간에도 수십만 개의 세포가 죽고 또 그만큼의 세포가 살아요. 우리 몸 안의 세포, 원자, 분자의 세계는 쉬지 않고 움직여요. 서로 끌어당기고 밀어내고 수를 불리고 줄이면서 살아가지요. 또 우리 몸에는 박테리아나 세균이라고 부르는 미생물들이 엄청나게 많이 살고 있어요.

우리 몸은 하나의 작은 우주라고 할 수 있어요. 그리고 이 작은 우주들이 모인 곳이 우리 세계지요. 방탄소년단의 노래 가사처럼 70억 명의 세계 인구가 있다는 것은 70억 개의 세계, 우주가 존재한다는 의미일 거예요.

주변을 둘러보면 소우주는 어디에나 있어요. 아프리카 초원에는 야생동물들의 소우주가 있어요. 약육강식의 법칙이 지배하지만 강한 동물과 약한 동물이 균형과 조화를 이루어 사는 세계죠. 작은 연못에는 소금쟁이, 다슬기, 피라미, 송사리라는 작지만 분주한 세계가 펼쳐져 있어요. 뒷산에서 떠온 흙 한 삽에도 지렁이, 흰개미, 노래기, 진드기, 거미 같은 작은 생물들의 세계가 담겨 있고요.

고개를 들어 하늘을 향하면, 그리스 철학자들이 말한 '대우주'가 있어요. 머리가 뱅글뱅글 어지럽고 숨이 막힐 정도로 거대한 우주의 세계예요. 태양계의 크기는 지름이 약 90조km라고 해요. 하지만 은하계에 비하면 태양계는 별 볼 일 없는 크기예요. 우리 은하의 크기는 약 10만 광년이거든요. 우리에게 좀 더 친숙한 단위로 바꾸면 1,000,000,000,000,000,000km예요(1조×100만).

천체물리학자 칼 세이건은 이렇게 큰 우주에 지구에만 생명체가 있다는 건 공간의 낭비라고 생각했어요. 그래서 우주에 지구 말고도 인간이 거주할 수 있는 행성이 많을 거라고 믿었어요. 비슷한 얘기를 하는 과학자들이 여럿 있어요. 확률적으로 따지면 우주에 발달한 문명이 20개, 600개, 또는 수만 개가 있을 거라고 주장하기도 해요. 서로 거리가 너무 멀어서 못 찾았을 뿐이라는 거죠.

물리학자 스티븐 호킹은 지구가 곧 멸망할지 모르기 때문에 앞으로 100년 안에 새 행성을 찾아 떠나야 한다고 말했어요. 멸망의 이유로는 기후 변화와 환경 파괴, 핵폭탄, 소행성 충돌 등을 꼽았어요. 지구가 멸망하더라도 까마득한 미래의 일이라고만 생각했는데 호킹은 겨우 100년을 말했지요.

머나먼 행성까지는 아니더라도 비교적 가까운 곳에 인류가 거주할 곳을 마련해야 한다는 주장도 있어요. "2050년까지 백만 명의 사람들을 화성으로 보내겠다." 이 엄청난 선언을 한 것은 전기자동차 테슬라로 유명한 미국 기업가 엘론 머스크예요. 그는 2020년 유인 우주선을 쏘아 올려 세상을 놀라게 했어요. 지금까지 우주선을 보내는 건 국가 차원에서 하는 일이었는데, 엘론 머스크의 회사가 최초로 해낸 거예요. 엘론의 꿈은 우주비행사가 아닌 보통 사람도 우주선을 타고 지구 밖을 여행하게 하는 거예요. 그리고 최후의 꿈은 인류가 화성으로 이주하는 것이죠. 그는 인류가 우주로 여행하는 문명을 만들어야 한다고 주장해요.

화성은 지구에서 관측한 결과 기온이 영하 100도 이하까지 내려가는 혹독한 환경이에요. 그런 곳에 인류를 이주시킬 수 있을까요? 아주 어려운 일이지만 불가능하다고 단정할 수는 없어요. 지금 우리가 일상에서 누리는 기술들도 50년, 100년 전에는 모두 상상 속에서나 가능한 일이었으니까요. 그 꿈이 실현되면 언젠가 화성에서 태어난 아이들이 우리가 지구에서 달을 구경하듯 망원경으로 지구를 찾아내어 "저기가 우리 엄마가 태어난 별이야"라고 말하게 될지도 몰라요.

하지만 화성에서 살게 된다 해도 공기와 물, 생명이 가득한 지구의 소중함을 절실히 느끼게 될 거예요. 인간이 거주할 수 있는 행성의 조건은 너무나 까다롭거든요. 물과 산소가 충분해야 하고 중력, 인력, 자기장 같은 물리적인 조건도 적당해야 돼요. 온도나 기압도 딱 맞아야 하고요. 화성은 그러한 조건에 적합한 곳은 아닌 것으로 보여요. 결국 우리는 깨닫게 되지 않을까요? 생명을 품기에 가장 완벽한 행성은 지구뿐이라는 사실을요. 그러니 이 지구를 잘 보호하고 아끼는 것만큼 중요한 일은 없어요.

# 3. 죽음을 공부하면 삶이 보인다

# 세상에서
# 가장 어려운
# 퀴즈

앞에서 우리는 생명과 삶이 무엇인지, 그것이 얼마나 소중하고 지켜 낼 가치가 있는지에 대해 살펴봤어요. 지금부터는 죽음에 대해 생각해 봤으면 좋겠어요. 죽음 자체에 대해 생각해 보는 건 생소한 일이겠지만, 우리는 죽음을 통해 어떻게 살아야 할지 방향을 찾을 수 있어요.

죽음이란 무엇일까요? 표준국어대사전은 죽음을 '죽는 일, 생물의 생명이 없어지는 현상'이라고 정의하고 있습니다. 이처럼 간단한 죽음의 정의와는 다르게 우리에게 죽음은 수수께끼 그 자체예요. 지난 100년 동안 인류가 이룬 과학 기술의 성취는 눈부실 정도예요. 과학자들은 수백만 광년 밖의 별무리를 찾아내고 작디작은 분자의 세계도 풀어냈어요. 하지만 아직 죽음의 비밀은 풀 길이 없어요. 의학 기술은 인류의 수명을 2배 이상 연장시키고 있지만 죽음은 접근조차 할 수 없는 문제입니다. 그 어떤 지혜로운 사람도 죽음을 명쾌하게 설명하지 못하죠.

죽음은 두려움 그 자체예요. 삶에서 최악의 상황을 가정한다면 언제나 죽음이죠. 어떤 어려움이 닥칠 때 우리는 "그래도 죽지는 않았잖아"라고 위로할 때가 있어요. 정체를 알 수 없는 반찬을 놓고 망설일 때 엄마는 이렇게 말씀하시죠. "괜찮아. 먹어도 안 죽어." 죽음이 두려운 것은 그 과정이 고통스럽기 때문이기도 하지만 그 저편에 무엇이 있는지 낱낱이 알 수 없어서일 거예요. 바다를 보면 그 깊이를 가늠할 수 없어서 두려움이 생길 때가 있어요. 죽음도 그렇죠.

죽음에는 예외가 없어요. 5만 명이 넘는 관중이 모인 경기장을 떠올려 보세요. 성별, 나이, 생김새, 성격, 재능과 특기 모든 게 각양각색이죠. 이처럼 다양하고 많은 사람들에게 예외 없이 벌어지는 일이 하나 있어요. 대부분 100년 이내에 가느다란 마지막 숨을 내쉬고 세상과 작별을 한다는 거죠.

죽음 앞에서 모든 사람은 평등해요. 죽음으로 가는 과정은 조금 불평등해 보이기도 합니다. 아프리카 지역의 유아 사망률은 다른 지역보다 눈에 띄게 높아요. 아이들이 영양실조, 설사, 폐렴, 말라리아같이 다른 나라에서는 쉽게 치료할 수 있는 질병으로 목숨을 잃기 때문이죠. 미국에서 코로나 사망자의 상당수는 노년층이나 저소득층, 흑인이나 히스패닉계였어요. 가난한 사람들과 이민자가 밀집한 뉴욕 주의 피해가 특히 심했지요. 환경에 따라 차이가 있고, 앞서거니 뒤서거니 시간 차이는 있지만 그 누구도 죽음 자체를 피할 수 없다는 점에서 죽음은 본질적으로 모든 이들에게 공평해요.

죽음은 사람을 겸손하게 해요. 살아 있는 동안에 사람들은 서로 재고 비교하느라 바쁘지요. 남보다 더 가진 것을 자랑하기도 하고 없는 것을 부끄러워하기도 해요. 지식이 많거나 젊고 예쁜 것을 뽐내는 이들도 있고요. ○○대학에서 공부했고 ○○회사에 다니고 ○○아파트에 산다는 것을 모두가 알아주었으면 좋겠지요. 하지만 죽음은 부자와 빈자를 차별하지 않아요. 살아온 모습은 달랐을지 몰라도 죽은 뒤에는 똑같이 백골이 될 뿐입니다.

죽음에 대해 우리는 두 가지 태도를 보이게 돼요. 우리는 죽음을 누구나 겪는 자연스러운 현상이라고 생각해요. '사람은 다 죽어.' '인생은 짧아.' 우리가 초등학교에 입학하고, 성인이 되고, 결혼하고, 부모가 되는 것처럼 죽음 또한 인생의 자연스런 통과의례라고 생각해요. 전 세계에서 매일 15만 명이 죽는다고 해요. 작은 도시 하나가 통째로 사라지는 셈이죠. 우리나라에서만 매일 700명이 죽어요. 그렇게 보면 죽음은 평범하고 당연하고 놀라울 것 없는 일상이에요.

그렇지만 동시에 죽음은 낯설고 먼 일입니다. 아무리 생각해도 난 영원히 살 것만 같거든요. 마치 액션 영화 속 주인공처럼 영원히 죽지 않을 것처럼 살 때가 많아요.

이처럼 우리는 앞뒤가 맞지 않는 모순적인 생각으로 죽음을 대해요. 죽음을 자연스러운 것이라 말하면서도, 다른 한편으로는 우리 삶의 일부로 받아들이는 게 어려워요. 죽음은 예외가 없고 그 어떤 것보다 확실하게 일어날 일이라는 것을 알면서도 나와는 상관없는 것처럼 여기죠. 이제 우리는 어렵고 까다로운 질문을 마주해야 해요. '나에게 죽음은 무엇일까?' '국어사전의 정의 말고 나 개인에게 죽음은 어떤 의미일까?' 온 세상의 생명이 깨어나는 아침에 따뜻한 코코아를 마시며 던지기 딱 좋은 질문이죠.

## 죽음 이후
## 벌어지는 일

유치원 아이들이 병아리 떼처럼 선생님을 졸졸 따라다니는 모습을 본 적이 있나요? 재잘거리고 꺅꺅 웃는 소리와 꾸밈없이 생글거리는 표정들은 정말 천진하고 사랑스러워요. 세상에서 가장 죽음과 거리가 먼 한 가지를 말하라면 바로 그 아이들의 얼굴일 거예요. 저렇게 아름다운 아이들이 80~90년쯤 지나 해골이 된다는 건 상상하기가 어려운 일이죠.

막 돋아난 새싹 같은 아이들도 사춘기를 지나 청년과 중년의 시기를 거쳐 노인의 모습으로 서서히 늙어 가요. 얼굴에는 검버섯과 주름살이 생기고, 흰머리가 늘어나고 허리가 굽어요. 눈도 침침해지고 귀도 잘 안 들리게 되지요. 날다람쥐처럼 뛰어다니던 두 다리가 이제 힘을 잃고 계단 몇 개도 숨을 고르며 힘겹게 올라가요. 햇병아리 같은 얼굴에서 절대 떠올릴 수 없는 모습이지만 반드시 그렇게 되어요. 인간은 태어나면서부터 죽음이라는 목적지로 나아가는 존재라고 할 수 있죠.

세계보건기구에 따르면 이 세상에는 인간이 걸릴 수 있는 1만 2천 가지 질병이 있다고 해요. 운 좋게 치명적인 병을 요리조리 피했다 하더라도 노화의 과정마저 피할 수는 없어요. 질병이든 노화든 둘 중 하나가 죽음으로 이어져요. 임종을 맞이하는 사람은 가냘프고 얕은 숨을 쉬어요. 목 깊은 곳에서 그르렁 소리가 나고요. 심장박동과 맥박은 점점 약해져요. 마지막 숨을 거칠게 몰아쉬면 빨대로 컵 바닥에 남은 음료를 빨아들이는 듯한 소리가 나요. 그리고 엄마 배 속에 있을 때부터 쉬지 않고 펌프질을 해 온 심장이 완전히 정지하는 순간이 옵니다.

모든 소리가 사라지면, 의사는 사망선고를 해요. "○○○ 씨는 몇 월 며칠 몇 시에 사망하셨습니다." 이제 그는 법적으로 사람이 아니고 어떤 권리도 의무도 없어요. 누워 있는 그 사람은 내가 알던 유머 있고 장난기 많던 ○○○이 아니에요. 그의 몸은 벗어 놓은 옷처럼 축 늘어져 있죠. 몸의 온기는 조금씩 사라져요.

시체가 차가워지면서 근육이 딱딱하게 굳는 사후 경직이 일어나요. 이윽고 몸이 나무토막처럼 무겁게 굳어요. 피가 돌지 않으면서 몸 곳곳에 짙은 빨간색 얼룩이 생겨요. 장례 지도사가 염이라는 것을 해요. 염은 시신을 깨끗이 닦고 수의를 입히는 과정이에요. 가족들이 마지막으로 작별인사를 하고 시신을 관에 넣어요. 그리고 관을 땅에 묻으면 장례 절차는 끝이 납니다.

묘지에 매장이 되면 몸은 본격적으로 부패하기 시작해요. 백옥같이 매끄러운 피부라도 검게 썩어요. 온몸에 구더기가 꼬이고 미생물들이 몸을 분해해요. 그렇게 몇 개월이 지나면 우리 몸은 백골이 되지요. 시신을 화장한다면 썩는 과정을 건너뛸 수 있어요. 관이 전기 화로로 들어가요. 엄청난 열이 가해지고 시신은 재로 바뀌어요. 화장이 끝나면 전광판에 '소각 완료'라는 글자가 켜져요. 그러면 한 사람의 인생이 완료가 됩니다.

# 돌고
# 도는
# 세상의 이치

플라스틱 병에 든 생수를 마시다 보면 여러 생각이 떠올라요. 플라스틱은 잘 녹고 변형하기 쉬워서 잘 분류해 버리면 재활용이 쉬워요. 플라스틱은 일회용 그릇이 되었다가 음료수병으로 변신했다가 나일론 옷감으로 재탄생하기도 해요.

인간, 동식물, 광물 등 세상의 모든 것을 구성하는 핵심 물질도 여러 생명체들을 거쳐 돌고 돌아요. 지구에는 그러한 자연 원소가 98개 있어요. 자연계의 다채로운 모습을 생각하면 얼마 되지 않는 숫자죠. 이러한 기본 원소는 새로 생겨나는 게 아니고 지구에 한정된 양이 있는데 돌고 돌며 반복해서 사용되어요. 플라스틱 생수병처럼 생물을 구성하는 물질도 '재활용'되는 것이죠.

그럼, 여기서 잠깐 퀴즈를 내 볼게요. 탄소, 수소, 질소, 칼슘, 인, 칼륨, 황, 나트륨, 염소, 마그네슘, 코발트, 구리, 철, 망간, 주석, 아연으로 만들어진 것은 무엇일까요? 전부 금속 재료들이니까 공장에서 쓰는 정밀기계나 로봇일까요? 정답은 바로 '사람'입니다. 모두 인체 안에 들어 있는 원소들이죠.

나열한 원소 중에서 탄소는 생명을 유지하는 데 꼭 필요한 재료랍니다. 생물체는 탄소가 포함된 단백질과 탄수화물로 이루어져 있어요. 인간의 몸은 탄소가 질량의 18%를 차지해요. 물과 뼈를 빼면 인간은 '탄소 덩어리'라고 할 수 있어요. 다이아몬드, 연필심이나 쌀, 빵, 김치, 과일, 설탕처럼 우리가 즐겨 먹는 탄수화물도 탄소로 되어 있어요.

인간의 몸이 지구의 원소들로 구성되어 있다면 자연스럽게 알 수 있는 사실이 있어요. 바로 우리가 죽으면 몸이 분해되어 다시 원소의 상태로 돌아간다는 사실이에요.

죽음은 한 개인에게는 온 세상이 끝장나는 것 같은 큰 사건이에요. 그런데 사실 자연계의 관점에서 보면 인간을 포함한 모든 생물의 죽음은 해체와 분해 현상에 불과해요. 은행나무에서 노랗게 된 잎이 떨어지는 것이나, 다리를 다쳐 먹이 사냥을 못 하는 족제비가 굶어 죽는 것이나, 사람이 병들어 죽는 것이나 큰 차이가 없어 보여요.

죽은 사람을 장례 지내는 방법은 땅에 묻는 것 외에도 다양해요. 시체를 불에 태우는 화장, 시체를 지면에 놓아 두고 자연스럽게 소멸시키는 풍장, 시체를 바다에 던지는 수장, 뼛가루를 나무 곁에 뿌리는 수목장 등 다양해요. 어떤 나라에서는 유골을 폭죽에 매달아 쏘아 올리는 폭죽장을 한다고 해요. 방식은 달라도 인간의 몸을 자연으로 되돌리는 과정이라는 점에서는 똑같아요.

사람을 땅에 묻으면 구더기, 딱정벌레, 개미가 갉아먹어요. 그러고 나면 박테리아, 원생동물, 균류 같은 미생물이 나설 차례예요. 지구상에는 모든 동식물과 인간을 합친 것보다 그 종류와 숫자와 무게가 훨씬 더 어마어마한 미생물들이 있어요. 미생물은 시체를 흔적도 없이 분해해요. 세상에 그렇게 많은 사람과 동물과 거대 공룡들이 죽었는데 우리 눈에 띄지 않는 건 미생물이 열심히 일했기 때문이에요. 미생물의 관점에서 죽음은 바쁜 해체 작업이에요. 7천 조 마리의 미생물 부하들을 이끌고 죽음의 현장에 출동한 미생물 대장은 말하죠. "오늘 작업은 코끼리 하나, 얼룩말 둘, 인간 다섯이다. 다 갉아먹을 때까지 퇴근은 없다."

미생물이 시체를 분해하면 우리 몸은 다시 원소로 바뀌어요. 그리고 각 원소를 쪼개고 쪼개면 원자의 세계가 펼쳐지지요. 원자는 우리가 가늠할 수도 없을 만큼 작아요. 괄호 안의 마침표 하나(.)를 채우는 데만 해도 수백만 개의 원자가 필요하죠.

이렇게 쪼개지고 흩어진 우리의 몸은 다른 생명의 일부가 됩니다. 우리가 동식물들을 먹거리로 삼아 살아온 것처럼 우리도 다른 생물들의 먹거리가 되는 셈이죠. 결국 모든 생명체의 죽음은 내 몸의 원소가 분해되어 다른 생물의 원소로 재결합되는 과정이라고 할 수 있어요. 생명체를 이루는 지구의 원소들이 옥수

수의 일부가 되었다가, 돼지의 일부가 되었다가, 사람의 일부가 되었다가, 풍뎅이와 지렁이의 일부가 되었다가, 떡갈나무의 일부가 되는 식이죠.

우리가 태어나고 죽는 것은 이 거대한 자연의 순환 과정에 잠시 끼어들었다가 사라지는 과정이에요. 바로 이 순간에도 지구 곳곳에서 갓난아기의 첫 울음소리가 터지고 누군가의 심장박동이 멈춰요. 물소의 새끼가 태어나고 암사자에게 목덜미를 물린 얼룩말의 숨통이 끊어져요. 숭어는 수만 개의 알을 낳고 박테리아는 얼어 죽은 찌르레기의 살을 갉아 먹어요. 이것이 바로 생명과 죽음이 쉴 새 없이 교차하는 우리 지구의 모습이에요.

# 베토벤은
# 생존 중?

"죽음은 더 이상 모차르트의 음악을 듣지 못하는 것이다." 죽음이 무엇이라고 생각하냐고 묻자 아인슈타인이 이렇게 대답했다고 해요. 죽고 나면 모차르트의 음악을 못 듣는 것 외에도 할 수 없는 일이 많아요. 지금 누리는 모든 일상이 사라지겠죠. 아직 죽어 본 게 아니라서 확실하진 않지만요.

죽음 뒤에는 무엇이 있을까요? 이에 대해서는 두 가지 생각이 팽팽히 나뉘어요. 첫째, 죽음 뒤에도 우리는 계속 존재한다. 둘째, 죽음으로 우리 존재는 끝나고 이후에는 아무것도 없다.

여기 생각이 다른 스승과 제자가 있어요. 고대 그리스 철학자 아리스토텔레스는 육체가 죽으면 영혼도 죽는다고 믿었어요. 아리스토텔레스에 따르면 베토벤은 그가 죽은 1827년 3월 26일 이후로 더 이상 존재하지 않아요. 그의 몸과 영혼이 모두 죽었어요. 대신에 그의 위대한 작품만은 아직도 살아남아 연주되고 있어요. 연말이면 전 세계 수천 곳의 연주회장에서 베토벤의 9번 교향곡 〈합창〉이 울려 퍼져요. 트럭이 후진할 때도 베토벤이 '엘리제를 위하여' 작곡한 멜로디를 들을 수 있죠. 그의 작품들을 우리는 '불멸의 예술'이라고 불러요. 그렇지만 베토벤이란 사람의 삶은 마침표를 찍었으니 그 어디서도 찾지 말아야 해요.

반면에 아리스토텔레스의 스승인 플라톤은 영혼이 죽지 않고 불멸한다고 믿었어요. 죽고 난 뒤에 육체와 영혼은 분리돼요. 육체는 땅에 묻혀 썩어 사라지지만 영혼은 영원히 남아요. 플라톤의 생각에 따르면 1827년 이후에도 베토벤의 영혼은 죽지 않았어요. '불멸의 예술가'라는 문자 그대로의 의미대로 베토벤은 죽지 않고 어디선가 살아 있어요. 베토벤은 '생존 중'인 것이죠. 요즘에도 작곡을 하고 지내는지는 모르겠지만요.

2천 년 전 철학자들만 이런 생각을 했던 것은 아니에요.

베토벤의 초상화.
베토벤이 세상을 떠난 지
200년이 다 되어 가지만
아직도 그의 음악은 살아서
전 세계에 울려 퍼지고 있어요.

요즘 사람들도 대체로 이렇게 두 가지 믿음으로 나뉘어 있어요.

우선 세상은 물질로만 이루어져 있고 사람도 육체로만 존재한다고 믿는 사람들이 있어요. 그들에게 죽은 다음의 세상은 없어요. 우리 눈에 보이지 않는 세계란 존재하지 않아요. 죽음으로 모든 게 끝나요. 죽음 뒤의 세상에 대해 과학적으로 증명된 게 아무것도 없으니까요.

그렇게 생각하는 사람들에게 죽음이란 망가진 컴퓨터가 작동을 멈추듯이 신체가 생명 활동을 중지하는 현상이에요. 컴퓨터에 모니터, 본체, 하드디스크, 기억장치, 회로판이 있듯이 사람에게는 두뇌, 뼈, 신경, 근육, 혈액이 있을 뿐이죠. 우리에게 영혼이란 게 있다 해도 죽는 순간 사라져요. 컴퓨터에서 데이터 파일이 삭제되듯이 말이에요. 결국 사람은 그다지 특별한 존재가 아니고 그저 생각하는 기계쯤 된다고 보면 되지요.

반면, 인간이 영혼과 육체를 지닌 존재라고 믿는 사람들도 있어요. 그들은 우리 앞에 보이는 세계와 보이지 않는 세계가 있다고 믿어요. 육체가 우리의 영혼이 잠시 머무는 집이라면 진정한 나의 모습은 영혼이라고 생각해요. 죽은 뒤에도 영혼은 살아남아 어디론가 여행을 떠나요. 그곳에서 새로운 세계가 열리고 우리의 삶도 이어져요. 우리에겐 두 개의 세계가 있는 셈이에요. 우리의 육체가 땅을 딛고 숨을 쉬는 세계 그리고 우리의 영혼이 영원한 삶을 이어 가는 세계가 있는 것이죠.

"보이지 않는 세계를 보여 달라. 그러면 믿겠다"고 말하는 사람도 있어요. 그런데 보여 줄 수 있으면 그것을 보이지 않는 세계라고 하지는 않았을 거예요. 이렇게 설명할 수는 있겠지요. 우리는 보이지 않는 것들에 둘러싸여 살고 있어요. 우리는 전파나 전류를 눈으로 볼 수 없어요. 우주에 자외선, 적외선, 방사선, 감마선이 존재하는 것을 아무도 의심하지 않지만 우리 눈으로 본 적은 없어요. 우리 눈에는 가시광선만 보이죠. 뇌과학자들이 뉴런, 신경전달 물질 등을 찾아냈지만 우리 생각의 진짜 모습을 끄집어내 보여 줄 수는 없어요. 자기는 굶더라도 배고파 우는 자식을 먼저 먹이는 엄마, 아들을 덮친 곰과 싸우는 아빠의 경우는 어떤가요. 우리는 밖으로 드러난 행동을 볼 수 있을 뿐 그 행동을 이끈 사랑, 용기, 희생 자체를 실제로 볼 수는 없어요.

우리가 육체에 불과한지, 영혼을 지닌 존재인지에 관해 이렇게 두 가지 생각이 팽팽히 맞서며 투닥거려요. 이것은 곧 내가 누구이고, 어떻게 살아야 하는 존재인지에 관한 생각과 연결되어 있습니다. 여러분의 생각은 어떤가요? 플라톤이 아니라 플라톤 할아버지라도 우리 대신 생각하게 내버려 두지 않기로 해요. 이것은 우리의 생명과 인생에 관한 문제이니 우리 스스로 고민하는 게 마땅해요.

## 죽음은
## 여행일까?

　종교에 많이 의지하던 옛날에는 대부분의 사람들이 영혼의 개념을 인정했어요. 하지만 과학적 사고가 퍼져 나가면서 영혼의 존재나 죽은 뒤 세상에 대한 믿음을 허무맹랑한 미신이라고 생각하는 사람들이 늘어났어요. "천국이나 사후 세계는 죽음을 두려워하는 사람들이 지어낸 동화다." 이렇게 말했던 물리학자 스티븐 호킹은 2018년에 세상을 떠났어요. "다음 세상에서 만나요." 이런 식의 작별인사는 호킹 박사에게 마법학교에서 빗자루 타고 날아다니는 소리처럼 허무맹랑하게 들릴지도 모르겠어요.

　그런데 어떤 사람들은 이런 의문이 들 수 있어요. 죽음으로 모든 게 끝나고 아무것도 남지 않는다면 왜 우리는 죽음에 대해 제거, 삭제, 소멸, 사라짐 같은 말을 쓰지 않을까? 많은 이들은 죽음을 다른 곳으로의 이동이나 여행처럼 여깁니다. 어린이들이 죽음을 이해하는 방식도 늘 어디론가 떠나는 것이죠. 다음은 안

데르센 동화 『성냥팔이 소녀』의 마지막 대목이에요.

"성냥불이 꺼지면 할머니도 가 버릴 거죠? 안 돼요. 저를 두고 가지 마세요."

성냥팔이 소녀는 할머니와 더 오래 있고 싶어 남아 있는 성냥에 불을 붙였어요.

"불쌍한 아가, 할머니랑 춥지도 배고프지도 않은 곳으로 가자꾸나."

할머니는 소녀를 꼭 껴안고 하늘나라로 올라갔어요.

또 다른 이야기를 해 볼까요?

"훗날 저승에서 만나세."

일본군 행사장에 폭탄을 던지러 가는 윤봉길 의사에게 김구 선생이 건넨 마지막 인사말이었어요. 우리 조상들 역시 죽음을 영원한 단절로 생각하지 않았고 이승과 저승에 관한 생각을 늘 마음에 품고 살았어요. 이승은 지금 우리가 살고 있는 세계이고 저승은 사람이 죽은 뒤에 혼령이 되어 가는 세계예요. 죽는 것을 흔히 '저승길 간다'라고 표현했지요.

기독교인들은 조금 다르게 표현해요. 구약성경에서는 여러 인물들의 죽음을 '조상에게로 돌아갔다'고 기록해요. 또 신약성경에서는 죽음을 '잠을 잔다'라고 표현하죠. 사람이 죽어 하늘나라에 간다는 믿음에서 이런 표현이 나왔어요.

우리는 어른의 죽음을 두고 '돌아가셨다'라고 말해요. 먼 곳으로, 저세상으로, 좋은 곳으로 가셨다고도 하죠. 종교가 없더라도 천국, 하늘나라로 갔다는 표현을 흔히 쓰곤 합니다. 불교에서는 죽은 다음에 올 세상이란 뜻으로 '내세'라는 말을 썼어요. 이처럼 표현의 차이는 있지만, 우리의 삶이 다른 곳에서 계속 이어진다는 사실 또는 소망을 나타낸다는 점에서는 같다고 볼 수 있어요.

　2013년 울산에서 계모가 8살 의붓딸을 때려 숨지게 한 사건이 있었어요. 사람들은 화가 났고 또 슬펐어요. 아이는 얼마나 심하게 맞았는지 갈빗대 16대가 부러진 상태였어요. 제대로 먹지 못해 몸은 삐쩍 말라 있었죠. 아이의 숨을 멎게 한 마지막 폭행의 이유는 아이가 다른 친구들처럼 소풍을 가고 싶다고 말한 것이었어요. 사람들은 가슴 아파하며 글을 남겼어요. "하늘나라에서는 소풍을 가거라. 그곳에서 맛있는 것 많이 먹고 편히 쉬어라."

　소풍을 가고 싶었던 그 아이는 완전히 사라져 이제 어디에도 존재하지 않는 것일까요? 원자가 분열되어 존재가 소멸된 상태일까요? 그 아이는 세상에서 끔찍하게 힘들고 두려웠어요. 하지만 그 모든 아픔이 다 잊힐 만큼 좋은 곳에 있기를 바라는 마음이 우리에게 가득해요. 이 땅에서 빼앗긴 행복을 천국에서 누리기를 바라면서요.

　물론 천국이 실제로 있다고 믿어서가 아니라 습관적으로 그렇게 이야기하기도 해요. 듣는 사람 마음에 위안이 되라고, 아니면 단지 아름다운 문학적 표현일 수도 있죠. 우리의 언어는 눈앞에 펼쳐진 현상을 설명하기도 하지만, 보이지 않는 개념과 상상 속 세계를 묘사하기도 해요. 플라톤이 말한 비유처럼 우리는 동굴 속에 있고 동굴 밖 세계의 아른거리는 그림자를 바라보고 있죠. 동굴 밖 이상세계가 있다 없다 말들이 많지만, 만약 있다면 죽음 저편에 있을지도 몰라요. 그래서 인류는 지금까지도 죽음을 이쪽에서 저쪽 세계로 넘어가는 개념으로 표현하는 것이 아닐까요?

# 완벽하고
영원한
낙원을 찾아서

인류 역사의 거의 모든 페이지는 전쟁, 학살, 자연재해, 기아, 질병의 기록으로 얼룩져 있어요. 그래서인지 고대부터 현대까지 각 시대의 인류는 현실에 존재하지 않는 완벽한 이상세계를 꿈꿔 왔어요. 이러한 세계에 대한 이야기는 신화나 전설로 전해지기도 하고 종교와 연결되어 있기도 해요.

티베트 불교에서는 히말라야 어딘가에 지상 낙원인 샹그릴라가 있다고 믿어요. 전 세계에 있는 샹그릴라 호텔은 바로 여기서 따온 이름이랍니다. 전해 내려오는 이야기로는, 히말라야 깊은 골짜기의 폭포 뒤나 동굴 속에 샹그릴라로 향하는 터널이 있다고 해요. 거기엔 필요한 모든 것이 다 있어요. 그리고 그곳에선 늙지 않습니다. 105살도 35살처럼 보인다고 하죠.

아마도 기독교인들은 천국에 대해 가장 많이 생각하고 이야기하는 사람들일 거예요. BC 8세기 예루살렘에 살았던 이사야는

다가올 천국에 대해 예언을 남겼어요. 천국에서 달빛은 햇빛처럼 밝아지고 햇빛은 7배나 밝아져요. 사막에 강물이 흐르고 꽃이 흐드러지게 피어요. 늑대가 새끼 양과 함께 눕고 표범과 염소 떼가 사이좋게 놀아요. 아이들은 소나 양을 몰듯 사자들을 몰고 다녀요. 그곳에서 사자들은 소처럼 열심히 풀을 뜯어먹죠. 전쟁이 그치고 사람들은 칼과 창을 녹여 쟁기를 만들어요. 전쟁 연습조차 하지 않는다니 완전한 평화가 있는 곳 같아요.

혹시 엘리지움이라는 말을 들어 봤나요? 엘리지움은 고대 그리스인들이 꿈꾸던 상상 속의 낙원 이름이에요. 영웅이나 착한 일을 한 사람들이 죽고 나면 가서 쉬는 곳이죠. 크고 잔잔한 바다가 있고 아름다운 평원이 있어요. 꿀처럼 달달한 과일이 계속 열리고요. 슬픔이 없고 완벽한 행복을 즐기는 곳이에요. 우리나라 아빠 엄마들의 여름휴가는 일 년에 고작 2주지만, 엘리지움에서는 영원히 출근할 필요가 없어요.

동화책이나 디즈니 만화의 마지막 장면은 늘 비슷해요. 마녀의 저주가 풀리고 나면 늙고 교활한 독수리는 티티새로 변신해 날아오르고, 뿔난 사나운 짐승은 귀염둥이 다람쥐가 되어요. 가시엉겅퀴가 뒤덮였던 정원에는 알록달록 꽃들이 피어나고 잿빛 하늘은 다시 맑아지지요. 우리가 상상하는 이상향의 세계는 이런 변신과 반전으로 가득해요.

각 종교와 민족과 문화마다 이상세계에 대한 묘사는 다르지만 완벽한 이상세계를 상상했다는 점에서는 비슷해요. 세상살이가 지옥 같고 힘들어서 그저 마음의 위안을 얻으려고 천국이니 낙원이니 하는 것들을 지어냈다고 생각하는 사람도 있어요. 하지만 수많은 사람이 이상적인 세계와 영원을 꿈꾸는 것이야말로 바로 그것이 존재하는 하나의 증거라고 말하는 이도 있어요. 영문학자이자 작가인 C. S. 루이스의 말이에요. "우리가 갈증을 느끼는 것은 물이 있음을 암시한다. 마찬가지로, 우리가 영원을 꿈꾸는 것은 영원이 있음을 암시한다." 여러분의 생각은 어떤가요? 죽음 이후, 또 다른 세상이 펼쳐질까요?

# 소녀야
# 일어나라

고대 이집트인들은 되풀이되는 자연 현상 속에서 생명과 죽음을 관찰했어요. 나일강에 한바탕 홍수가 지나가고 나면 새로운 생명이 싹텄어요. 그들은 사람이 죽고 나면 영혼이 부활해서 오시리스의 왕국에서 영원히 산다고 믿었어요. 미라는 죽은 뒤의 세계에서 부활할 것에 대비해 만든 것이에요. 이집트인들은 영혼이 깨어나 부활하려면 육체가 있어야 한다고 생각했죠.

고대 이집트 묘에는 미라와 함께 묻혀 있는 책이 있어요.『사자의 서』라는 책인데, 풀이하면 '죽은 사람을 위한 책'이에요. 여기에는 기도문, 주문 같은 사후 세계에 대한 글이 쓰여 있어요. 죽은 사람들이 사후 세계에 안전히 가기 위한 안내서 같은 것이지요. 죽음이 처음이라 얼떨떨한 사람 아니, 시체에게 조금이라도 보탬이 되고자 이 책이 쓰였어요. 물론 직접 다녀온 경험으로 쓴 게 아니고 상상만으로 쓴 것이어서 내용이 얼마나 정확한지는 알 수 없어요.

티베트 불교에도 『사자의 서』가 있어요. 라마승은 죽은 사람 곁에서 이 사후 세계로 가는 안내서를 읽어 주어요. 티베트인들에게는 조장(鳥葬)이라는 장례법이 있어요. 시체를 독수리나 까마귀의 먹이로 내어 주는 것이죠. 잔인해 보이지만 육체가 새를 통해 하늘로 옮겨진다는 믿음에서 나온 장례법이에요.

많은 현대인들에게 죽은 사람이 살아난다는 것은 좀비 정도의 의미 아닐까요? 좀비는 부두교에서 부활한 시체를 뜻하는 말이에요. 영화 〈부산행〉이나 〈새벽의 저주〉를 보면 좀비들이 떼로 등장해서 사람들을 오싹하게 하죠. 누구든 눈에 띄면 물어뜯을 생각만 해요. 1980년대 한국에서 폭발적인 인기를 모은 홍콩 영화 〈강시〉도 죽은 시체가 살아난 것이죠. 창백한 얼굴로 무덤가를 콩콩 뛰어다니며 사람들을 혼비백산하게 해요. 이렇듯 죽었다가 살아나는 것은 사람들을 두렵게 만드는 소재예요. 죽었다 살아난 존재 중에 아름답고 정이 가는 것을 찾아내기는 어렵죠.

하지만 여러 종교에서 죽은 뒤에 되살아나는 부활은 희망의 소식이에요. 죽은 뒤의 삶이 없다면 사람들이 그도록 종교에 매달리지 않을지 몰라요. 이슬람교도들은 부활을 믿어요. 코란에는 해와 산이 사라지고 별들이 서로 충돌하고 바다에 불이 붙는 날 무덤이 열리고 영혼들이 살아난다고 써 있어요. 이때 최후의 심판이 있어요. 신을 잘 믿고 경건하게 산 사람은 복을 받고 악한 사람은 지옥으로 가지요.

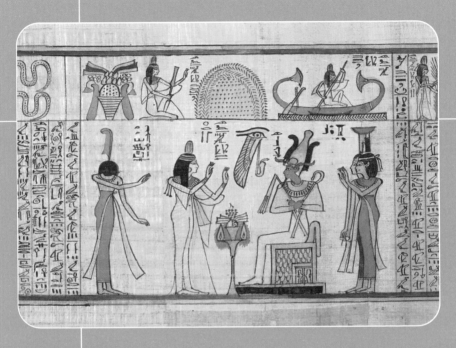

사후 세계를 안내하는 책인 『사자의 서』.
죽은 이들이 안전하게 다음 세상에 도착하길 기원하는
기도문과 여러 가지 사건에 부딪힐 때 외우는 마법의 주문,
신들에 대한 서약이 적혀 있어요.

부활을 믿는 대표적인 종교는 기독교예요. 과학의 관점에서 인간의 노화, 죽음은 자연스러운 것이지만 성경은 인간이 원래부터 죽어야 하는 존재는 아니었다고 말해요. 성경에 따르면, 원래 인간은 영원히 사는 존재로 창조되었는데 최초의 사람 아담과 하와가 죄를 지은 후 죽는 존재가 되었어요. 그래서 죽음으로 모든 게 끝인가 하면 그렇지 않아요. 부활에 대한 믿음은 기독교 신앙의 핵심이죠.

소중한 사람을 잃어버린 이들은 애타게 부르짖어요. "죽은 우리 아이를 살려내라." 정말 살아날 거라고 기대하진 않을 거예요. 그저 억울하고 비통한 마음을 이렇게 표현하는 것이죠. 그런데 성경에 따르면 예수님은 정말로 죽은 사람을 살려냈어요. 열두 살짜리 소녀가 죽었고 사람들은 슬프게 통곡하고 있었죠. 예수님은 죽은 소녀에게 다가가 말했어요. "탈리타 쿰." "소녀야 일어나라"라는 뜻이에요. 누가 보면 낮잠 자는 아이를 깨우나 생각했을 거예요. 그리고 죽었던 소녀는 정말로 일어났어요.

성경을 통틀어 가장 극적인 사건은 예수님의 부활이에요. 십자가 처형을 당해 죽은 예수님이 3일 만에 부활해서 제자들에게 나타났어요. 예수님의 부활은 시작일 뿐이었어요. 예수님을 시작으로 그를 믿는 모든 사람들이 죽음 이후에 부활한다는 것이 기독교의 가르침이에요. 예수님은 평소에 "나를 믿는 자는 죽어도 살겠고 영원한 생명을 얻는다"고 가르쳤지요. 영원히 산다니 그것이 어떤 것인지 가늠할 수조차 없고 상상하기도 벅찬 일이죠. 그저 무병장수 80~90년 정도를 꿈꾸는 사람들에게 천 년이나 만 년도 아니고 영원을 약속한 거예요.

4세기 가톨릭교회의 주교였던 암브로시우스는 인간의 부활을 '씨앗이 땅에서 썩은 다음 열매가 맺히는 것'에 비유했어요. 씨앗이 사람이라면 땅에서 썩는 것은 죽음을 말하고 열매가 맺히는 것은 죽은 뒤에 부활하는 것을 나타내죠. 인간이 죽음을 통과하고 나서 찬란한 부활을 맞이한다는 믿음을 표현한 말이에요.

환생을 믿는 종교도 있어요. 불교와 힌두교는 사람이 태어나고 죽었다가 다시 태어나는 일을 끝없이 반복한다고 믿어요. 사람뿐 아니라 동물로 태어날 수도 있죠. 그저 새로운 마음과 의지를 품은 사람이 된다는 뜻이 아니라, 죽고 완전히 새로운 존재로 태어나는 것이죠. 어떤 생물이 될지는 알 수 없어요. 메뚜기나 딱정벌레로 환생할 가능성도 없진 않아요.

이러한 윤회사상은 불교사상의 영향을 많이 받은 우리나라 사람들에게 익숙해요. 깊은 좌절감을 느낄 때 "이번 생은 망했다"라든가 모두가 부러워할 만한 행운을 얻은 사람에게는 "전생에 나라를 구했냐?"라고 농담하곤 해요. 물론 환생을 진지하게 믿는 사람도 있어요. 망둥어나 청둥오리보다는 더 좋은 모습으로 다시 태어나고 싶고, 그러려면 남에게 미움이나 원한 살 행동을 해서는 안 된다고 생각하지요.

부활이나 환생에 대한 믿음은 인간 존재가 영원하기를 꿈꾸는 마음을 담고 있어요. 인간의 육체에 죽음이 찾아오는 것이 자연스러운 것처럼, 인간의 영혼이 영원을 꿈꾸는 것도 자연스러운 일이지요.

18세기 독일의 작가 괴테는 '죽음이란 해가 지는 것과 같다'고 했어요. 해가 지고 어둠이 깔릴 때 우리는 해가 완전히 사라졌다고 생각해요. 하지만 그 순간에도 해는 지구 반대편에서 빛나고 있어요. 이처럼 우리 존재도 이 세상에서 죽어 사라진 듯이 보이지만 사실은 다른 편 세상에 계속 살아 존재한다고 믿는 것이죠.

# 베를린 천사가
# 가르쳐 준 것

죽음은 나쁜 것일까요? 대부분은 그렇다고 말할 거예요. 하지만 죽음은 나쁜 것이 아니라고 말하는 사람들도 있어요. "죽은 뒤에 나는 존재하지 않는다. 내가 존재하지 않는데 어떻게 죽음이 내게 나쁜 일이 될까?" 『죽음이란 무엇인가?』를 쓴 셸리 케이건 교수가 한 얘기예요.

그는 인간은 죽은 뒤 의식이 사라지고 그 존재가 완전히 사라진다고 말해요. 인간은 물질일 뿐이니까요. 그는 인간이 휴대폰, 카메라같이 특별한 기능을 하는 하나의 기계에 불과하다고 생각해요. 사랑에 빠진다거나 시를 쓰고 철학과 과학을 하는 등 '놀라운 기능'을 하는 것이죠. 세탁기가 고장 나서 빨래를 못 하듯 몸이 고장 나서 이러한 '놀라운 기능'을 못 하는 것이 죽음이에요.

케이건 교수에 따르면, 죽은 뒤에 영혼이 존재한다는 건 비과학적이에요. 케이건 교수는 죽음은 완전한 끝이기 때문에 죽은 뒤의 삶은 없다고 말해요. 나라는 존재는 살과 피로 이뤄져 있고 영혼 같은 건 없으니 내 몸이 죽음을 맞이하는 순간 나는 완전히 끝나는 것이죠.

어떤 사람들은 만약 천사가 있다면, 죽음을 경험하는 유한한 존재인 인간을 도리어 부러워할지 모른다고 생각해요. 영화 〈베를린 천사의 시〉에는 인간 세계에 머무는 천사들이 나와요. 온종일 도서관에 머물면서 골똘히 생각에 잠겨 있거나 멍 때리면서 주변을 관찰하고 있죠. 물론 이 천사들은 사람들의 눈에는 보이지 않아요. 천사들은 대부분 무겁고 떨떠름한 얼굴을 하고 있는데 그중에 방긋거리는 천사가 있어요. 그 천사는 인간 세계를 흠모해요. 바람결에 머리칼이 날리는 노인을 보면서 자기도 '영원'이 아니라 바람결이 와 닿는 '지금'을 느끼고 싶다고 고백하죠.

영화 〈베를린 천사의 시〉 독일 포스터.
천사가 세상을 빤히 내려다보는 모습이
궁금증을 불러일으켜요.

자기가 바라던 대로 결국 사람처럼 된 천사는 처음으로 추위, 통증 같은 인간의 감각을 느끼며 행복해해요. 추워서 손을 비비며 지나가는 사람한테 동전을 얻어 커피를 마시는 것이 그렇게도 좋을 수 없어요. 그리고 사랑의 감정을 느껴요. 우리 인간은 시간과 공간의 제약 속에 살고 있어요. 그 제약이 우리를 옭아매고 있다고 생각하죠. 하지만 '베를린 천사'는 지금, 이곳을 느낄 수 있는 것이야말로 제약이 아닌 인간의 특권이라는 사실을 보여 줍니다.

과학자의 관점으로 지구 생태계를 보아도 죽음은 나쁜 게 아닐 수 있어요. 죽음이 있기에 생명체가 죽어 다른 생명체의 영양분이 되는 자연의 순환이 일어나니까요. 떨어진 잎사귀가 거름이 되어 새싹이 나죠. 한 인간의 숨이 꼴딱 넘어가는 이 순간에도 또 다른 인간이 태어나지요. 연극 무대에서 한 배우가 퇴장하면 또 다른 배우가 등장하는 것처럼요.

그럼에도 여전히 많은 이들은 죽은 뒤에도 삶이 이어질 것이라 믿고 기대해요. 특히 기독교인들은 예배 때마다 "몸이 다시 사는 것과 영원히 사는 것을 믿습니다"라고 고백해요. 그런데 영원한 삶이 가능하다면 거추장스럽고 지루해서 싫다고 말하는 사람들도 있어요. 『불멸에 관하여』라는 책을 쓴 스티븐 케이브는 불멸은 없고 있을 필요도 없다고 주장하지요. 스티븐 케이브는 영원한 삶이 실현되면 끔찍할 거라고 말해요. 똑같은 일을 영원히 반복하는 삶은 지겨울 게 뻔하니까요.

스티븐 케이브는 삶이 더 의미 있기 위해서 우리가 꼭 영원한 존재일 필요는 없다고 말해요. 오히려 삶이 유한하기에 우리가 인생에서 더 많은 의미를 찾고 더 위대한 것을 성취하려고 노력한다는 것이죠. 죽음이라는 한계를 극복하려는 의지가 문명을 건설하게 하고 예술, 과학의 성취를 이루게 했어요.

스티븐 케이브의 생각처럼 똑같은 삶을 무한반복하는 게 천국이라면 그곳은 지겨울지도 모르겠어요. 하지만 사람들은 완벽한 이상향의 장소에 천국이라는 이름을 붙여요. 천국이 있다면, 우리를 지겹고 고통스럽게 하는 곳이 천국일 리는 없겠죠. 그곳이 얼마나 좋은지 우리가 묘사하거나 상상할 수 있다면 그곳은 이미 천국이 아닐 거예요. 천국은 우리 언어로 설명이 되지 않을 만큼 완벽한 곳이어야 하니까요. 그렇다면 영원한 삶이 지루하진 않을까 걱정하는 것은 무의미하지 않을까요? 그보다는 영원한 삶이라는 게 과연 있을까 고민하는 게 우선이겠죠.

영원한 삶에 대한 믿음과 별개로 우리 모두가 믿는 한 가지는 '지금, 여기'가 중요하다는 사실입니다. 죽는 존재인 우리에게는 모든 날들이 대단한 기회예요. 삶을 누리고 가장 가치 있는 일을 할 기회이죠. 누군가는 명예와 부를 얻는 것을 최고의 가치로 여겨요. 하지만 베를린 천사가 느낀 것처럼 일상의 기쁨과 의미를 온전히 찾는 것이야말로 진짜 가치 있는 일이죠.

삶의 가장 좋은 순간들은 사람마다 달라요. 엄마나 아빠가 아이에게 밥을 떠먹이는 순간, 라디오에서 좋아하는 음악이 나오는 순간, 시험이 끝나고 떡볶이를 먹으러 가는 순간, 친구와 속 깊은 이야기를 하며 위로받는 순간⋯. 이러한 순간들은 크고 작은 파도처럼 계속 밀려오죠. 이처럼 소박한 삶의 의미와 기쁨을 발견할 때면 잠시 주변을 살펴보세요. 여러분을 부러워하는 천사가 동전을 꾸러 다가올지도 모르거든요.

# 네가
# 죽는다는 것을
# 기억하라

죽음을 기억하고 가까이 두는 일은 참 낯설게 느껴져요. "배우 ○○○ 사망" 빨간 글씨로 보도되는 젊은 배우의 갑작스런 죽음은 우리에게 큰 충격을 주지요. 멀고도 낯설었던 죽음이 우리 일상으로 확 다가와요. 식당에서 밥을 먹다가 뉴스를 보던 사람들은 큰 슬픔을 느껴요. 하지만 몇 분 뒤 다시 아무렇지 않게 수저를 들고 남은 밥을 먹어요. 죽음은 다시 남의 얘기가 돼요. 우리는 죽음에 대한 생각을 둘둘 말아 눈에 안 띄는 곳에 밀어 놓는데 익숙하지요.

옛날 사람들은 그렇지 않았던 것 같아요. 『대지』는 노벨문학상을 수상한 작가 펄 벅의 대표작이에요. 『대지』의 주인공 왕룽은 중국의 가난한 농부였지만 열심히 토지를 일구어 재산을 모으고 기름진 땅을 사들여 부자가 되었어요. 소설의 미지막 부분에서 아내 오란은 병들어 죽음을 앞두게 되어요. 왕룽은 장의사에게 찾아가 아내 오란의 관을 사지요. 단단한 나무로 만든 훌륭한 관이었어요. 두 개 사면 할인을 해 준다고 해서 아버지 것까지 장만하지요. 그리고 언덕진 좋은 땅에 매장지를 마련해요. 그들에게 죽음을 준비하는 과정은 자연스럽고 심지어 뿌듯한 일이었어요.

불과 100년 전만 해도 인간은 죽음 앞에 매우 취약했어요. 특히 중세시대에는 풍토병, 기아, 전쟁으로 평균 수명이 40세에도 못 미쳤어요. 콜레라, 천연두, 결핵, 흑사병 같은 전염병이 마을을 휩쓸고 가면 인구가 4분의 1, 3분의 1씩 줄었어요. 14세기 말 이탈리아 작가 조반니 보카치오는 『데카메론』에서 흑사병이 휩쓸던 당시 상황을 이렇게 묘사했어요.

"길거리에는 밤낮을 가리지 않고 수많은 시체가 나뒹굴었고 집 안에는 더 많은 시체가 쌓였습니다. 시체 썩는 냄새로 이웃이 죽었구나 하고 알게 되는 형편이었지요. 모두가 죽었습니다. 하나도 남김없이 깡그리 말이죠."

그래서였을까요? 당시 사람들은 왕릉처럼 미리 죽음을 생각하고 준비하는 것에 익숙했어요. 메멘토 모리(Memento Mori)는 '네가 죽는다는 것을 기억하라'라는 뜻의 라틴어예요. 중세 유럽 사람들의 생각에 자주 등장하고 예술 작품에도 이 의미를 종종 표현했어요. 책에도 많이 인용되어서 우리나라 사람들에게 잘 알려진 라틴어 문장 중 하나예요. 하지만 그 말의 의미대로 내가 죽을 존재임을 매순간 떠올리며 사는 현대인들은 많지 않아 보여요.

2019년부터 세계를 뒤덮은 코로나 바이러스는 인간이 죽음 앞에 얼마나 나약한 존재인지 다시금 깨닫게 했어요. 2021년 기준으로 전 세계에서 400만 명 이상이 코로나로 목숨을 잃었어요. 200년 전에 비해 인류의 수명이 2배 이상 늘어났어도 인간이 나약하게 죽는 존재라는 사실은 변함이 없어요.

『모리와 함께한 화요일』이라는 책의 노교수 모리는 루게릭병에 걸려 다가오는 죽음을 기다리고 있었어요. 모리는 화요일마다 제자를 만나 죽음에 대한 생각을 들려주지요.

"죽게 되리란 사실은 누구나 알지만, 자기가 죽는다고는 아무도 믿지 않지. 만약 그렇게 믿는다면, 우리는 다른 사람이 될 텐데." 모리에 따르면 죽음은 마냥 슬프고 고통스러운 것이 아니에요. 오히려 긍정적인 마음으로 죽음을 준비하고 죽음에 다가갈 수 있어요. 매일 죽음을 생각하며 '오늘이 그날이라면 나는 준비가 되었나?' '내가 원하는 그런 사람으로 살고 있나?' 스스로에게 묻는 것이죠. 죽음을 생각하고 우울해지는 게 아니라 더 가치 있는 삶을 살기 위한 밑바탕으로 삼는 것이죠.

우리가 영원까지는 아니라도 백만 년 정도 산다면 인생의 우선순위 같은 건 딱히 필요 없을 거예요. 시간은 모래알같이 많고 기회는 무궁무진하니까요. 고조할아버지의 고조할아버지는 말씀하시겠죠. "서두르지 마. 아직 칠십오만사천구백팔십 년 남았다." 우리의 언어에는 '서두름'이나 '바쁨' 같은 단어가 없어질 거예요. 그런데 모든 나이 든 사람들은 알고 있죠. 우리 인생은 짧고 시간은 도망치듯 후다닥 지나간다는 사실을요.

결국 인생에서 가장 소중한 보물은 시간이에요. 시간은 보석이나 금보다 더 귀한 자원이에요. 흘러간 시간은 아무리 많은 돈을 줘도 되사올 수 없어요. 그렇기 때문에 주어진 시간을 어떻게 알차게 보낼지 치열한 고민이 필요해요. 죽음을 앞둔 모리의 가르침을 요약하면 이렇습니다. "어떻게 죽어야 할지 배우게 되면 어떻게 살아야 할지도 배울 수 있네."

인생에서 가장 소중한 일은 무엇일까요? 죽음을 앞둔 이들은 바쁘게 일하느라 좋아하는 일을 충분히 해 보지 못한 것, 가족과 함께 시간을 못 보낸 것, 다른 사람들과 더 나누며 살지 못한 것 등을 가장 후회하는 일로 꼽는다고 하죠. 죽음을 앞두고 '빌딩 주인이 되지 못해 한이 된다'거나 '전교 1등 한번 해 보지 못하고 죽다니 억울하다' 이런 생각은 잘 하지 않는다고 해요.

아직 건강하게 살아 있을 때 인생에서 가장 소중한 것이 무엇인지 알고 그것을 행동으로 옮긴다면 우리는 누구보다 지혜로운 사람이 될 수 있어요.

죽음 이후의 삶에 대해 어떻게 생각하든 분명한 것은 지금 이 생애의 시간은 딱 한 번 주어진다는 거예요. 지금, 이곳이 중요하고 이 순간 내 옆에 함께 있는 사람이 소중하죠. 가수 이승윤은 〈달이 참 예쁘다고〉라는 노래에서 달 위에다 발자국을 남기기보다 사람들과 발맞추어 걷고 싶고, 몇 분짜리 노래를 지을 수 있으니 그 노래를 들려주겠다고 이야기해요. 인생을 살면서 진짜 소중하게 여겨야 할 것은 대단한 공식이나 위대한 업적이 아니라 내 옆에 있는 사람들과 지금 함께하는 시간이라는 사실을 말하고 있는 것이지요. 인생은 한 번뿐이에요. 세상을 떠날 때 후회하지 않도록 내 곁의 존재들의 이름을 한 번이라도 더 부르고 사랑하며 사는 것이 어떨까요?

이따금씩이라도 죽음을 몸에 걸치는 안경이나 목걸이처럼 가까이 두고 생각해 보아요. 사소한 일을 걱정하거나 누군가를 미워하는 데 허비할 시간이 없을 거예요. 자잘한 행복을 누리고 가족과 친구들을 사랑하고 아껴 주기에도 시간이 모자라니까요. 커다란 성공에 우쭐하고 자만하거나 실패에 마냥 주저앉을 수도 없어요. 우리가 유한하고 죽는 존재임을 떠올린다면 성공도 절망도 어쩌면 작고 초라해 보일 거예요.

# 코끼리와
# 까치의
# 장례식

　가족처럼 지내던 강아지를 떠나보내는 사람들의 슬픔은 헤아릴 수 없을 정도로 커요. 친동생을 잃어버릴 때와 차이가 없어 보여요. 그런데 강아지도 자기가 죽는다는 사실을 알까요? 지구상에서 죽음을 이해하는 건 사람밖에 없을까요?

　코끼리를 보면 큰 덩치와 힘을 먼저 떠올리게 돼요. 그런데 코끼리는 똑똑하기로 말하면 다섯 손가락 안에 드는 동물이에요. 학습을 할 수 있고, 도구를 사용하고, 기억력도 뛰어나요. 인간이 그렇듯 가족이나 동료들과 어울려 살아가는 사회적인 동물이고, 어려움에 빠진 다른 동물들을 돕는 이타적인 모습을 보이기도 합니다. 훈련을 받은 어떤 코끼리는 코로 붓을 들고 그림을 그려 사람들을 놀라게 한답니다.

　코끼리는 죽은 코끼리나 코끼리뼈를 발견하면 그 앞에 한참을 머물면서 코로 매만지고 쓰다듬고 나뭇잎으로 덮어 주어요.

여러 코끼리들이 나란히 서서 같은 행동을 하지요. 연구자들은 이런 행동을 코끼리가 죽음을 이해하고 애도하는 모습이라고 보고 있어요.

아무나 다 그렇게 한다는 의미로 흔히 '개나 소나'라는 말을 써요. 그렇지만 개나 소가 죽음을 이해하는 동물이라는 사실을 아는 사람은 많지 않아요. 개나 소가 도살장에 끌려가면서 눈물을 뚝뚝 흘리는 모습이 종종 목격된다고 해요. 자기에게 닥친 죽음을 미리 직감하고 두려움을 느끼는 것이죠.

영국의 동물학자 제인 구달은 침팬지가 나뭇가지를 이용해 흰개미를 집어 먹는다는 사실을 발견했어요. 인간 외에도 도구를 쓸 줄 아는 동물이 있다는 사실에 사람들이 놀랐죠. 더 놀라운 사실은 침팬지가 죽음을 이해하는 듯한 행동을 한다는 거예요. 침팬지들은 동료 침팬지가 죽으면 그 곁에 쭉 늘어서서 죽은 동료 침팬지를 물끄러미 바라보고 몸에 손을 얹어요. 평소에 그렇게 시끄럽던 애들이 장례식이라도 하는 듯 모두 침묵을 한다고 합니다. 고릴라 역시 죽은 고릴라 앞에서 가슴을 쾅쾅 치며 죽음을 애도하는 듯한 몸짓을 보여 주어요.

연구자들에 따르면 까치도 죽음을 이해하는 듯한 행동을 한다고 합니다. 까치들이 죽은 까치 앞에 늘어서서 한 마리씩 다가가 부리로 쪼고 풀로 그 까치를 덮어 준대요. 장례식을 떠올리게 하는 이러한 행동을 보면 까치들은 친구 까치가 죽었다는 사실을 아는 것 같아요.

모든 생명체가 죽음을 인지하는 것은 아니겠죠. 하지만 생각보다 많은 동물들이 죽음을 이해하는 듯한 행동을 해요. 코끼리나 침팬지에게는 슬픔을 설명하는 언어가 없어요. 하지만 동물들은 언어가 아니라도 물결치듯 움직이는 본능과 몸짓으로 말해요. 우리 인간과 똑같은 감정인지는 알 수 없어요. 하지만 뭔가를 알고 있는 것만큼은 분명해요. 우리가 느끼는 것과 비슷하게, 무엇인가를 잃어버린 후의 허전함과 그리움, 마음을 콕콕 찌르는 아픔 같은 것을 느끼는 것 같아요.

코끼리들이 장례식이라고 알려진 장면이에요.
코끼리들은 발을 굴러 동료의 죽음을 다른 코끼리들에게 알린다고 합니다.
그리고 코로 죽은 동료를 쓰다듬지요.

## 옷장 문을
## 열고 나가면

　소설 〈나니아 연대기〉는 2차 세계대전 중 시골집에 대피한 4남매의 숨바꼭질에서 시작돼요. 숨을 곳을 찾아 헤매던 막내 루시는 우연히 옷장 문을 열고 들어갔다가 눈 덮인 나니아 숲을 발견해요. 4남매는 그곳에서 아슬란을 도와 하얀 마녀를 물리치는 모험을 하게 돼요. 그리고 4남매는 결국 나란히 왕좌에 앉아 나니아왕국을 통치하게 되지요. 죽음 후에도 우리 삶이 이어진다면 우리는 죽음이라는 문을 열고 새로운 세계로 걸어 들어가게 돼요. 4남매가 옷장 문을 열고 나니아왕국으로 간 것처럼요.

　엘리자베스 퀴블러 로스는 죽음과 임종에 관해 많은 글을 쓴 미국의 정신과 의사예요. 퀴블러 로스는 이렇게 물었어요. "죽음을 벽으로 볼 것이냐 아니면 문으로 볼 것이냐." 죽음이 벽이라면 죽음 이후에 우릴 기다리는 건 아무것도 없어요. 사방은 어둡고 꽉 막혀 있어요. 기대했던 다음 장면이 없어요. 영화가 끝나고 까만 화면만 남아 있는 것과 같죠. 시끌벅적하던 모든 사건들과 등장인물들은 다 사라지고 없어요. 나는 나를 나라고 인식하지도 못해요. 컴퓨터를 쓰다가 시스템 종료를 하듯이 내 모든 감각과 생각도 종료되지요.

하지만 죽음이 문이라면 우리를 새로운 세계로 이끌어 주어요. 퀴블러 로스는 죽음을 문으로 보았어요. 문 안쪽의 세계와 문 바깥쪽의 세계가 있어요. 우리가 할 일은 단지 그 문을 열고 밖으로 나가는 거예요. 그러면 새로운 세계가 우릴 기다리고 있어요. 퀴블러 로스는 우리가 죽음을 두려워하는 것은 낯선 경험을 앞두고 느끼는, 근거 없는 두려움이라고 말했죠.

퀴블러 로스는 또 우리가 죽음을 통해 단지 머무는 장소만 이동하는 것은 아니라고 말해요. 애벌레와 나비의 비유를 들면서, 죽음은 우리가 다른 존재로 태어나는 과정이라고 설명해요. 우리는 지금 애벌레의 삶을 살고 있어요. 꾸물꾸물 땅을 기어 다니며 악착같이 나뭇잎을 갉아먹는 애벌레죠. 오래지 않아 고치가 되어 죽은 것처럼 될 것이고 마침내 허물을 벗고 나비가 되어 훨훨 날아가게 돼요.

우리는 엄마 배 속에 있을 때를 기억하지 못해요. 태아 때는 물론이고 태어나서 4~5살 때까지의 기억도 거의 남아 있지 않죠. 그런데 엄마 배 속에서 있었던 일을 우리가 모조리 기억할 수 있다고 가정해 봅시다. 양수가 찰랑거리는 자궁 속에서 우리는 한 번도 본 적 없는 세상을 기다리고 있어요. 세상에 하늘과 땅과 바다가 놓여 있다는 사실을 알지 못해요. 앙증맞은 새끼 고양이와 위엄 있는 호랑이의 모습도 알 리가 없죠. 하지만 일단 세상에 태어나고 나면 세상의 그 모든 풍경과 소리와 느낌이 나에게 밀려오죠. 마치 원래 알았던 것처럼, 당연히 그랬어야 할 것처럼. 우리가 또 다른 세계로 넘어가는 과정도 그처럼 자연스러울 수 있을까요?

여러분이 가 본 어떤 나라를 상상해 봐요. 우리는 입국 신고장을 통과해 새로운 나라의 영토를 밟게 됩니다. 죽음은 입국 신고장처럼 우리를 다른 세계로 건너가게 해 주어요. 물론 죽음까지의 과정은 외롭고 고통스러워요. 하지만 삶에서 죽음 저편으로 건너가는 순간만큼은 아주 단순할지 몰라요. 죽음 후에 나라는 존재가 비눗방울처럼 뽀로롱 사라지는 것이 아니라 어디선가 계속 이어진다는 생각은 낯설지만 우리를 기대로 들뜨게 해요.

옷장 문을 슬며시 열고 나니아왕국으로 걸어 들어간 피터, 수잔, 에드먼드, 루시는 눈이 휘둥그레졌어요. 모든 게 낯설고 두렵기도 했겠죠. 하지만 나니아왕국의 인물과 풍경과 사건에 푹 빠져들자 숨바꼭질하던 시골집은 더 이상 생각나지 않았어요. 나니아왕국이 그 친구들의 진짜 세계가 된 것이죠.

우리도 언젠가 죽음이라는 비밀의 옷장 문을 열어젖히고 그 안으로 성큼 걸어 들어가게 되지는 않을까요? 우리 삶이 죽음 뒤에도 이어진다는 생각은 굉장히 낯설어요. 그런데 인간이라는 고유하고 개별적인 존재가 완전히 사라져 존재하지 않는다는 생각 역시 매우 낯설지요. 나라는 존재가 죽음 후에 '없는' 존재가 된다고 1분만 생각해 보세요. 견딜 수 없이 막막하고 우울한 일일 거예요.

또 사랑하는 사람들이 세상을 떠나고 더 이상 곁에 없는 순간을 상상해 보세요. 가장 사랑하는 사람을 영원히 볼 수 없다면, 자연의 순리이고 과학적 사실이니 담담하게 받아들여야 할까요? 많은 사람들은 사랑하는 이들이 죽어서 떠나는 순간 이렇게 말해요. "나중에 꼭 만나자." 이것은 판타지 소설 같은 소리가 아니라 진심에서 나오는 말이에요. 그 마음의 바탕에 종교적 신앙이 있든지 막연한 소망이나 바람이 있든지 간에요. 나는 역사 속에서 계속되어 온 말들과 염원들이, 우리의 생명과 삶이 죽음으로 끝이 아니고 계속 이어진다는 생각을 가리키고 있다고 봐요. 여러분은 어떻게 생각하나요?

그런데 사실 바로 이 순간까지 우리는 죽음 이후에 대해 아는 게 하나도 없어요. 정말 죽게 된다면 눈 깜빡 하는 사이에 모든 사실을 알게 되겠죠. 궁금해 죽겠죠? 일단 죽을 때까지 참고 기다려 보기로 해요.

# 4. 내 생명에 대하여

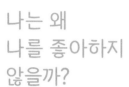

나는 왜
나를 좋아하지
않을까?

　지금부터는 '나'라는 '생명의 가치'에 대해 이야기해 보려고
해요. 의외로 많은 사람들이 자기 자신을 좋아하지 않아요. 자신
의 외모, 성격, 재능, 개성에 대한 평가에 인색한 경우가 많지요.
수많은 재능덩어리들이 좌절과 열등감에 빠지고, 매력덩어리들
이 골방에 갇혀 있어요. 자신에 대한 사랑이 가득해 보이는 이들
도 속으로는 곧잘 스스로를 비하하곤 하죠.

　자기 자신을 있는 그대로 받아들이지 못하거나 심지어 업신
여기고 낮추어 보는 사람에게는 두 가지 문제점이 있어요. 첫 번
째는 남의 시선으로 자신을 바라보는 태도예요. 남의 시선을 지
나치게 의식하는 태도는 많은 한국인들의 특징이기도 해요.

　내가 짝사랑하는 사람이 나를 어떻게 생각할까? 이것은 마땅
히 고민해야 할 주제일 거예요. 하지만 온갖 세상 사람들의 시선
을 끌어다가 나를 거기에 맞출 필요는 없지요. 끊임없이 나를 괴

롭히다가는 인생에 우울함만 더할 뿐이죠. 그렇게 수십 년을 산 어른들은 어느 날 이런 깨달음에 이르기도 해요. '지금껏 다른 사람들이 원하는 대로 내 인생을 살았구나.' '내 인생인데 남에게 모든 것을 결정하게 했구나.'

두 번째 문제점은 비교의식이에요. 많은 사람들이 남과 비교해서 자신에 대한 가치평가를 내려요. 남들에 비해 부족하거나 뒤처지는 자신을 무가치하게 여기고요. 능력이 탁월한 사람들조차 이러한 함정에 빠지죠. '우주 최강'이 되어야만 만족할 수 있는 걸까요?

사람들이 비교의식에 시달리는 이유 중 하나는 미디어의 영향이에요. TV를 비롯한 온갖 매체들은 성공한 사람들을 집중 조명해요. 나만 빼고 다 부자인 것 같아요. 재능, 학벌, 배경이 뛰어난 사람은 또 얼마나 많은지 자신이 '쭈그리'처럼 느껴질 때가 많아요. 요즘은 사람을 평가할 때 인격보다는 어떤 '스펙'을 갖추고 있는지 따져요. '스펙'은 컴퓨터, 냉장고, 기계 등의 성능을 의미하는 영어 스페시피케이션(specification)의 줄임말이에요. 전쟁 무기의 기능과 장치를 뜻하는 말이기도 하고요. 스펙으로 표현되는 능력과 자격을 강조하다 보니 사람에 대한 가치 판단이 그에게 '장착된' 어떤 기능에 있는 것 같아 씁쓸할 때가 있어요. 스펙만으로는 결코 알 수 없는 그 사람만의 장점과 가치가 무궁무진한데도 말이죠.

'스펙'이라는 말은 가전제품이나
무기에 쓰던 용어였지만
이제 사람의 능력을 평가하는
일상용어가 되었어요.
사람의 가치는 그렇게 평가할 수
있는 게 아닌데 말이에요.

방송매체들은 외모를 강조하는 일에 혼신의 힘을 쏟아요. 눈이 왕방울만 하고 목이 길며 배가 훌쭉한 사람은 멸종 위기종처럼 드문데도, 마치 모두가 따라야 할 미의 표준인 듯 비춰 주죠. 일상을 폭격하듯이 쏟아지는 광고들은 이 옷이, 저 전자제품이, 그 가방이 없으면 시대에 뒤떨어진 사람이 될 거라고 우리를 몰아붙여요.

이렇게 자신의 가치를 긍정하지 않고 외형적인 비교에 사로잡힌다면 어떤 일이 벌어질까요?

우선 행복이 저만치 달아나 버려요. 올림픽에서 은메달을 따고도 미안하고 아쉬운 표정으로 시상대에 서 있는 한국 선수를 본 적이 있을 거예요. 동네 2위가 아니라 세계 2위를 했는데도 말이죠. 옆에 동메달을 따고도 미소가 가득한 외국 선수와 대조를 이루죠. 그럴 때면 '그동안 노력한 자기 자신에게 웃어 주면 좋을 텐데' 하는 안타까운 마음이 들어요.

다음으로, 다른 사람에 대해 왜곡된 가치평가를 내려요. 비교의식에 지배당하는 사람들은 자신뿐 아니라 다른 사람까지 인품과 개성보다는 외적인 조건으로 판단해요. 하다못해 타고 다니는 자동차로 그 사람을 판단하는 이들도 있답니다.

그러한 관점으로 보면, 사람은 성공한 사람과 실패한 사람으로 나뉘어요. 물론 우리는 반복된 실패를 겪고 움츠러들기도 해요. 하지만 그럴지라도 실패자는 아니에요. 인생에 주어진 수백 가지 과제 중 하나에 실패한 것이지 나라는 인간 자체가 실패자인 것은 아니죠.

자연계는 이러한 비교의식에서 자유로운 세계예요. 무당벌레의 둥글고 반짝이는 몸체, 알록달록한 무늬, 앙증맞은 걸음은 그 자체로 매력적이에요. 무당벌레를 다른 무당벌레나 장수하늘소와 비교할 필요는 없어요. 장수하늘소는 천연기념물인데 너는 어떻게 인생을 살았길래 아직 그 모양이냐고 무당벌레를 다그치는 사람은 없어요. 무당벌레도 '내가 하늘을 날아오르는 게 모시나비만큼 우아하지 않으면 어떡하지?'라고 고민하면서 스스로를 다른 곤충과 비교하지 않아요. 무당벌레의 가치와 매력은 고유한 자기 존재에 담겨 있을 뿐이죠. 색깔이 화려하지 않은 무당벌레도 있고, 날갯짓이 어설픈 무당벌레도 있어요. 하지만 실패한 무당벌레는 없어요.

　자연의 일부인 인간도 마찬가지예요. 우리는 저마다 고유한 성격과 의미와 아름다움을 지닌 존재예요. 이 세상에서 각자의 몫과 역할이 있고요. 어떤 기능이나 액세서리를 '장착'해서가 아니라 존재 자체로 엄청난 의미가 있어요.

## 소행성 B613에
## 불시착하다

　쓰레기를 버리지 못하고 집안에 쌓아 두는 '저장강박증'이라는 병이 있어요. 집을 그렇게 만들지 않더라도 우리는 종종 마음에 쓰레기를 쌓아 둡니다. 대청소를 해서 해묵은 쓰레기를 내다 버리듯 우리 마음의 쓰레기도 쓸어 버려야 해요. 그 쓰레기는 바로 나 자신을 무가치하고 쓸모없는 존재로 여기는 마음속의 생각과 목소리들이에요. 어른들에게는 30년이나 50년 된 쓰레기도 있어요. 그렇게 되지 않도록 마음 구석구석을 잘 들여다보아야 해요.

　쓰레기를 치우고 가만히 생각해 보기로 해요. "나는 누구일까?" 나이 많은 어른들도 때때로 그런 질문을 한답니다. 엄마, 아빠를 보면 알 수 있듯이, 어른이라고 해서 온전히 완성된 모습은 아니에요. 인간은 모든 생애에 걸쳐서 완성되고 성숙해지는 존재거든요. 나의 진짜 모습에 대해 알고 싶다면 이제부터 아래와

같이 '생각 실험'을 해 보기로 해요.

나는 우주여행을 하다가 태양 전지판 고장으로 B613이라는 소행성에 불시착했어요. 아무도 살지 않는 그 행성에는 나를 어떤 사람으로 규정하는 기준이 없어요. 자격증, 졸업장, 학위, 직함, 명함도 없어요. 상하관계나 지위도 다 사라졌어요. 심지어 나이도 무의미해요. 우주의 관점에서는 아홉 살이든 구십 살이든 다 순간에 불과하니까요. 은행 계좌도, 집도, 자동차도 없어요. 이웃 소행성 B612에 사는 어린왕자는 너무 순수해서 마음이 통하지 않을 것 같아요. 게다가 프랑스어로 말을 걸까 봐 겁나요. 그곳엔 나와 비교할 대상이 없어요. 나를 비난하거나 칭찬하거나 혹은 곁눈질로 쳐다봐 줄 사람조차 없어요. 그러면 그곳에서의 나는 어떤 사람일까요?

아무런 비교 대상과 조건도 없다면 우리는 그제야 자신을 또렷하게 볼 수 있을 거예요. 아마도 부정적인 눈길보다는 긍정적이고 사랑스러운 눈길로 보게 될 가능성이 높아요. 우리는 실제로 좋은 점들로 똘똘 뭉친 존재들이거든요. 그런 다음 한 번도 해 본 적 없는 이상한 행동을 해 보아요. 내가 나 자신에게 웃어 주는 것이죠. 오글거린다고요? 글쎄요, 한 번만 해 보고 다시 얘기해도 늦지 않을 거예요.

기분이 나아졌다면(조금이라도 기분이 나아졌을 거예요) 이제 나의 장점과 칭찬할 점 10가지만 써 보아요. 우리 문화는 겸손의

미덕을 강조해요. 공부는 '조금' 하는 편이라더니 전교 1등이에요. 엄마는 상다리 부러지게 손님상을 차려 놓고 이렇게 말해요. "차린 건 없지만 많이 드세요." 한 게임에 두 골이나 넣은 축구 선수는 별로 한 일도 없다는 표정으로 인터뷰를 해요. 하지만 이 순간만큼은 나 자신을 온전히 칭찬해 주기로 해요. B613은 나만의 공간이니까요.

다행히 어린왕자가 전기공학을 좀 아는 여우를 데려와 태양 전지판을 고쳐 주었어요. 이제 우주선을 타고 지구로 돌아갈 수 있게 되었죠. 지구에 도착한 나는 예전의 기준을 버리게 되었어요. 내가 무엇을 소유했는지, 남들과 비교해 어디가 잘났는지 더 이상 고민하지 않아요. 내가 진짜로 어떤 사람인지 판단할 수 있는 질문은 이런 거예요.

나는 남에게 따뜻하게 웃어 주는 사람인가. 약한 사람의 편이 되어 주는가. 다른 사람이 말할 때 눈을 맞추고 귀 기울여 주는가. 호떡 하나도 반으로 나눠 먹는가. 무당벌레의 모습을 보고 감탄할 줄 아는가.

다른 이들을 바라보는 눈도 바뀌었어요. 지구인들을 지위나 소유물로 평가하지 않게 되었죠. 지구인들을 나란히 붙여 놓고 비교하는 일에도 관심을 끊었죠.

'생각 실험'을 끝내고 이제 나 사신과 주변 사람들을 둘러보세요. 모두가 자기만의 색깔로 빛나고 있음을 알게 될 거예요. 그

형형색색 매력을 발견해 보세요. 그리고 다른 사람 눈에 비친 내가 누군지 너무 고민하지 않기로 해요. 소행성 B613에 살 때처럼 나는 그저 나로 존재한다는 것을 알았으니까요.

# 나를 사랑하는
# 세 가지 방법

'자신을 사랑하라'는 말은 넘쳐나지만, 사실 자신을 사랑한다는 것은 참 어색하고 실천하기가 어려운 일이에요. 하지만 우리가 가족과 친구와 우리를 둘러싼 세계를 이해하고 사랑하려고 애쓴다면 나 자신에 대해서도 그렇게 하는 게 자연스러워요.

조금은 오글거리고 어색하더라도 나를 아끼고 사랑하는 방법을 한번 연습해 보기로 해요. 나를 사랑하는 첫 단계는, 다른 사람들의 시선이나 세상의 평가를 걷어 내고 자신을 바라보는 거예요. 우리는 공장 생산 공정에서 찍어 낸 수십만 개의 냄비 중 하나가 아니에요. 제품 품질검사라도 하듯 내가 표준에서 벗어난 불량품인지, 땜질이 필요한지 고민할 필요가 없어요. 나 자신은 태양계는 물론 우주를 통틀어 딱 하나밖에 없어요. 이것은 문학적인 비유가 아니라 문자 그대로의 의미예요. 그러니 다른 사람에게 견주어 나의 가치를 평가하면 안 돼요. 나를 있는 그대로 인정해 주어야 하죠. 굳이 비교하고 싶다면 그 대상은 나의 과거와 나의 현재가 되겠지요.

　나를 사랑하는 두 번째 방법은, 나의 좋은 모습만을 사랑하지 않는 거예요. 내 안에는 복잡 다양하고 때로 서로 모순되는 모습이 있어요. 젊고 예쁜 나, 똑똑하고 유능한 나, 칭찬받는 나, 착하고 배려심 깊은 나만 사랑할 수는 없어요. 실패한 나, 어리석고 실수투성이인 나, 이기적이고 비겁했던 나, 비난받고 따돌림 받던 나까지 품어 주고 사랑해 줘야 합니다. 기억에서 지우고 싶은 과거의 나를 떠올려 보아요. 그리고 그때의 나를 당당하게 마주하고 위로해 주기로 해요. '괜찮아, 그럴 수도 있지. 그런 일로 세상은 끝나지 않아.' 자신이 수치스러울 때, 인간이라면 누구나 빛나는 모습과 우중충한 모습을 두루 갖추고 있다는 사실을 잊지 말고 툴툴 털고 다시 시작해 보아요.

　세 번째 방법은 나 자신에 대한 사랑을 다른 사람에게 확대해 보는 거예요. 모자라고 어설픈 나를 사랑한 그 마음으로 나만큼이나 부족한 타인을 보듬어 주는 것이죠. 우리 사회 곳곳에서 힘이 있는 사람이 약한 사람을 괴롭히고 못살게 구는 일이 자주 일어나고 있어요. 오죽하면 학교폭력방지법, 직장 내 괴롭힘 방지법에 이어 경비원 갑질 방지법까지 추진되고 있겠어요. 자신이 코딱지만 한 힘을 가졌다고(혹은 가졌다고 착각해서) 다른 사람을 무시하고 학대하는 행동은 역설적으로 자신을 사랑하지 않는 사람이 하는 짓이에요. 다른 사람을 이해하고 사랑하려고 노력해 봅시다. 그렇게 다른 사람을 사랑하게 되면 그 마음이 자연스레 나 자신에게 돌아오는 경험을 하게 될 거예요.

# 죽음을 선택할
# 권리에 대하여

"누가 낳아 달라고 했어?! 내 허락도 없이 왜 낳았어?" 종종 TV 드라마에서 반항하는 자녀가 엄마한테 쏘아붙이는 대사예요. 마치 "누가 허락도 없이 내 초코바 먹었어?"라고 말할 때처럼 태연하고 당당하게 말하죠. "나도 너 같은 애가 태어날 줄은 몰랐단다"라고 말하려던 엄마는 그냥 참기로 해요.

생명을 창조주의 선물로 받아들이든, 진화와 종 번식의 산물로 여기든 간에 그 누구도 세상에 태어나기로 사전에 동의한 적이 없어요. 어느 날 정신을 차리고 보니 태어나 있었어요. 어떤 철학자는 우리 인간이 "이 세상에 던져졌다"라는 표현을 쓰기도 했지요.

왜 정어리나 염소가 아닌 인간으로서의 생명이 나에게 주어졌을까? 인간이 수천만 가지 생물 종의 하나에 지나지 않는다 해도 그 독특한 개성만큼은 알아주어야 해요. 주름 잡힌 커다란 뇌와 상상력을 지닌 인간. '생명의 근본은 무엇인가?'와 같이 코뿔소나 맹꽁이는 궁금해하지 않을 질문을 던지는 인간. 깨지기 쉬운 그릇과도 같지만, 말도 안 되게 완벽한 물리 화학적 조건으로 생명을 유지하는 인간. 나 자신이 왜 인간이 되었는지는 알 수가 없어요. 다시 말하지만, 나는 태어나기로 선택한 적이 없어요. 그렇다면 우리는 죽음을 선택할 수 있을까요? 다른 사람의 목숨을 빼앗는 것은 의심의 여지없는 범죄예요. 그러면 스스로의 목숨을 버리는 것에 대해서는 어떻게 생각해야 할까요?

인간이 스스로 죽음을 선택할 권리가 있는지에 대해서는 의견이 분분해요. 살날이 얼마 남지 않고 질병의 고통에 시달린다면 자신의 방식대로 죽음을 선택할 수 있어야 한다는 주장도 있어요. 미국의 경제학자이자 반전평화주의자인 스콧 니어링은 자연 속으로 들어가 돌집을 짓고 농사를 지으며 자급자족하는 삶을 살았어요. 100세가 되던 1983년에 한 달 동안 단식을 한 끝에 스스로 생을 마감했지요. 그 행동은 '자살'과는 거리가 있었어요. 많은 이들은 스콧 니어링의 죽음을 인간의 존엄과 품위를 지킨 죽음으로 기억하고 있어요.

드라마에는 집에서 가족들에게 둘러싸인 채 차분하게 유언을 남기고 세상을 떠나는 장면이 자주 등장해요. 하지만 요즘 시대에 이러한 자연스러운 임종은 보기 드문 일이 되었어요. 병원에서 산소 공급이나 심폐소생술로 생명을 유지시켜 주기 때문이죠. 이러한 연명 치료를 받는 환자들은 본인의 의지와 상관없이 코에 호스를 끼고 삑삑거리는 기계장치에 둘러싸여 힘겹게 죽음을 기다려요.

많은 사람들이 이렇게 생명을 연장하는 것이 무슨 의미가 있을까에 대해 고민하고 있어요. 연명 치료를 중단해서 고통 없는 죽음을 맞게 해야 한다는 목소리가 커지기 시작한 것이죠. 기계장치에 의존한 채 꼼짝도 못 하고 누워 고통 속에 몇 달을 더 사느니 차라리 편안하게 삶을 정리하고 가족과 못 다한 대화도 하다가 세상을 떠나는 게 존엄을 지키는 방식이라고 생각하는 사람들이 많아지고 있어요.

존엄사는 의미 없는 연명 치료를 중단함으로써 존엄한 인간의 모습을 간직한 채 죽음을 맞이하는 것을 말해요. 미국 오리건 주에서는 1994년 존엄사법이 통과되었어요. 물론 엄격한 조건이 있어요. 회복이 불가능하다는 의사의 판단과 환자의 확실한 동의 표시가 있어야 해요.

미국을 시작으로 여러 나라가 존엄사를 인정하는 법을 채택했어요. 우리나라도 치열한 논쟁과 법적 다툼을 겪으며 서서히 그러한 변화를 받아들이게 되었죠. 식물인간 상태에 빠진 김 할머니는 인공호흡기를 달고 가느다란 생명을 유지하고 있었어요. 가족들은 평소 할머니가 기계에 의존해 생명을 연장하고 싶지 않다고 말씀하셨던 것을 떠올리고는, 인공호흡기를 떼어 달라고 법원에 소송을 제기했어요. 2009년 대법원은 김 할머니에 대한 연명 치료를 중단하라는 판결을 내렸어요. 우리나라 최초로 존엄사가 인정된 사건이었죠. 그리고 마침내 2016년에는 회복이 불가능한 환자가 자신의 결정과 가족의 동의로 연명 치료를 받지 않아도 된다는 내용의 '연명의료결정법'이 통과되었어요.

이처럼 존엄사는 사람들의 인식이나 법에서 인정되는 개념으로 자리잡고 있어요. 지금은 잘 사는 것(웰빙)만큼이나 편안하게 잘 죽는 것(웰다잉)도 중요한 시대라고 할 수 있지요.

존엄사와 비슷하지만 그 방법 때문에 논란을 불러일으키는 죽음도 있어요. 스위스에는 '조력 자살'이 법으로 허용되고 있어요. 불치병으로 죽음을 앞둔 사람이 수면제나 신경안정제 주사 같은 의학적 도움을 받아 죽음을 선택할 수 있게 하는 거예요.

2018년 호주의 생물학자 데이비드 구달은 스위스에서 조력 자살로 삶을 마무리했어요. 그는 104년 동안 머문 세상을 떠나게 되어 기쁘다면서 모두에게 작별인사를 했어요. 그리고 가족들에게 둘러싸여 베토벤의 합창교향곡을 들으며 약을 주사했어요. 데이비드 구달의 경우 고령이긴 했지만 불치병을 앓거나 질병의 고통을 겪는 상황은 아니었기 때문에, 일반적인 존엄사와는 다른 경우였죠.

사람들의 의견은 분분해요. '죽음을 코앞에 둔 채 고통뿐인 삶을 연장하는 것은 아무런 의미가 없다.' '인간에게는 품위 있게 자신의 삶을 마감할 수 있는 권리가 있다.' '생명은 인간의 통제 너머에 있는 고귀한 것이다.' '자신의 생명조차 함부로 끝낼 수 없다.' '무의미한 연명 치료를 중단하는 것까진 동의하더라도 조력자살처럼 죽음을 쉽고 간편하게 만든다면 악용될 가능성도 있다.' 죽음이 어려운 주제인 만큼 이에 대한 생각들도 다양합니다.

분명한 것은, 존엄사가 인간 존엄성과 행복 추구를 위한 제도라는 데 다수의 사람들이 동의한다는 사실이에요. 2017년 국가인권위원회가 만 65세 이상 노인 1천 명을 대상으로 한 설문조사 결과, 노인 10명 중 8명은 존엄사에 찬성하는 것으로 조사되었어요. 행복하고 편안한 죽음이야말로 인생을 잘 마무리하는 방법이죠. 어디까지가 존엄한 죽음인지 아슬아슬한 그 경계를 구분 짓고 제도와 절차를 엄격하게 가다듬는 것은 앞으로 풀어 나가야 할 과제일 거예요.

# 잉여 인간은
# 없다

앞 장에서 언급한 스콧 니어링, 김 할머니, 데이비드 구달의 경우 인생을 거의 다 살았거나 불치병으로 남은 생명이 길지 않았을 때 죽음을 선택했어요. 하지만 인생을 살아가는 도중에 맞닥뜨린 절망과 실패로 목숨을 버리는 사람들도 있어요.

세계보건기구 통계에 따르면 매년 80만 명이 자살로 생을 마감합니다. 40초마다 1명이 스스로 목숨을 끊는 것이죠. 우리나라는 세계에서 대략 열 번째, OECD 국가 중에서는 첫 번째로 자살률이 높은 나라예요.

인생을 살다 보면 여러 일을 겪게 됩니다. 죽고 싶을 만큼 힘든 사건들도 일어나요. 그래서 정말 죽는 사람도 생겨나지요. 누구나 힘들게 사는데 왜 견뎌 내지 못했냐고 탓할 수 없어요. 그 사람은 정말 죽을 만큼 힘들었을 테니까요.

스스로 무가치함을 느낄 때 우리는 살아야 할 의미를 잃고 절망에 빠져요. 그런데 내가 무가치하다면 누가 가치 있는 인간일까요? 어린이나 청소년이라면 학교 성적과 재능과 특기가 뛰어나고, 어른이라면 사회적·경제적 지위가 높은 사람일까요? 성적이나 수입은 그 사람의 재능과 노력에 대해 말해 줄 뿐 인간의 가치를 결정해 주진 않아요. 누군가가 연봉 1억 원을 벌기 때문에 가치 있는 인간이라고 주장하려면, 연봉 50억 원을 버는 사람 앞에서 자신의 '쓸모없음'을 인정해야 해요. 연봉 100억 원 앞에서는 벌레 같은 자신을 발견하게 되겠죠.

인간의 가치는 인간이라는 사실 그 자체에 있어요. 인간은 참치 통조림과 달라요. 참치를 찌고 살을 발라 통조림을 만드는 것처럼 상품은 원래 상태를 가공해서 부가가치를 더해요. 하지만 인간은 그 자신에게 무엇인가를 더해 가치를 획득하는 것이 아니라 본래 상태 그대로 100% 가치 있는 존재예요.

있어도 그만 없어도 그만인 '잉여 인간'은 없어요. 존재감 없이 묻혀야 마땅한 존재도 없어요. 성경에 보면 하나님은 우주에 있는 별들의 숫자를 다 헤아리고 각기 그 이름대로 부른다고 쓰여 있어요. 우리 각자는 이 별들처럼 우주에서 고유한 단 한 사람으로 호명되는 존재예요. 진화론의 자연선택 이론으로 따져 보아도 나라는 생명은 인형 뽑기를 하듯 얻어걸린 우연의 산물이 아니에요. 엄청난 세월을 견뎌 온 생명의 법칙과 오밀조밀한 자연의 조화가 겹겹이 쌓여 기적에 가까운 확률을 뚫고 태어난 하나의 작품이죠.

　날아오를 듯 좋은 날, 심장이 쓰라린 날, 안개만 자욱하던 날, 모든 날이 나의 날이에요. 우리 인생을 게임에 비유한다면, 남은 날들에 아직 뽑지 못한 어떤 카드가 있을지 몰라요. 물론 아무 카드도 없을 수 있어요. 그렇다 해도 힘든 일투성이인 세상에서 인생의 한 과정을 끝까지 마무리한다는 건 그 자체로 정말 가치 있는 일이에요. 힘들고 지칠 때는 이렇게 해 보면 좋겠어요. 울고 싶을 때는 울고, 숨고 싶을 때는 숨어 봅시다. 그 시간에 자신을 향해 날아오는 비교와 부정적인 화살들을 막아 낼 든든한 방패가 생길지도 모르니까요. 그리고 잊지 마세요. 여러분은 지구, 아니 우주에서 대체되거나 복제될 수 없는 유일무이한 사람이라는 사실을요.

미국 콜로라도 주 그레이트 샌드 둔스 국립공원의 모래언덕 위 은하수.
우리는 이렇게 스스로 빛나는, 그리고 세상을 빛나게 하는 멋진 생명들입니다.

:::
:::
:::

# 바다 건너에는
# 무엇이 있을까?

"삶과 죽음은 나뉘어 있지 않다." 인생을 오래 살고 지혜를 많이 쌓은 어른들은 하나같이 이렇게 말해요. 이어령 교수는 "죽음이 없다면 어떻게 생명이 있겠나. 빛이 없다면 어둠이 있겠나. 죽음의 바탕이 있기에 생을 그릴 수가 있다"라고 말했어요.

미술시간에 종종 했던 스크래치를 생각하면 이해하기 쉬울 거예요. 알록달록한 바탕 위를 검정색 크레파스로 덧칠한 다음 송곳으로 긁으면 알록달록한 색들이 드러나지요. 우리가 죽는 존재임을 바탕에 놓고 세상을 보면 사랑도 더 애틋하고 예술도 더 빛을 발하고 우리의 말과 행동도 더 간절하고 의미 있게 다가와요. 법정 스님도 비슷한 뜻으로 말했어요. "만약 삶에 죽음이 없다면 삶은 그 의미를 잃게 될 것이다. 죽음이 삶을 받쳐주기 때문에 그 삶이 빛나는 것이다."

이러한 생각들은 많은 이들이 죽음을 바라보는 시선과 무척 다르죠. 많은 이들은 죽음을 저만치 밀어놓고 살아가다가 죽음이 코앞에 다가왔을 때에야 허둥지둥 죽음을 이해하려고 애써요. "생사(生死)라고 하듯이 삶과 죽음은 분리된 게 아니라 어우러지는 것이다. 삶 속에 죽음이 있고 죽음 속에 생명이 있다." 이것은 이재철 목사의 말이에요. 생각해 보면 죽음은 언제나 우리 가까이에서 그림자처럼 따라다니고 있어요.

프랑스 철학자 미셸 드 몽테뉴의 말은 우리에게 죽음을 어떻게 바라보아야 할지 단서를 던져 줍니다.

"죽음에서 이상함을 제하고, 죽음을 알고 익숙해지자. 무엇보다 죽음을 자주 생각하자. 매 순간 우리 상상 속에서 죽음의 모든 측면을 그려 보자. 죽음이 어디서 우릴 기다리고 있을지 불확실하다. 죽음을 미리 생각해 보는 건 자유를 미리 생각해 보는 것이다. 죽는 법을 배운 사람은 노예가 되는 법을 지운 셈이다. 어떻게 죽을지 알고 나면 모든 종속과 제약에서 벗어날 수 있다."

마침내 죽음이 찾아올 때 우리는 깨닫게 될지 몰라요. 나랑 떨어지기 싫어하는 멍멍이처럼 죽음이 언제나 내 곁에 붙어 있었다는 사실을요. 그리고 또 다른 사실 한 가지. 죽음이 닫힌 문이 아니고 통로이며 내 존재가 계속 이어진다는 말이 진짜인지 가짜인지 비로소 깨닫게 되겠지요.

삶과 죽음이 분리되어 있지 않다는 것을 알게 되더라도 죽음은 여전히 슬픈 일이에요. 죽음 앞에 엎드러져 슬퍼하는 것이 우리의 모습이죠. 죽음이 몰고 오는 한숨, 절망, 고통을 우리는 온몸으로 겪어 내야 합니다. 기억에서는 사라졌지만 우리가 엄마 배 속을 지나 세상에 처음 오던 날도 그토록 힘겹고 두려웠어요. 그리고 언젠가 다시 힘겹게 죽음을 뚫고 나가야 해요.

살아가는 동안 우리는 수없이 여행을 떠나고 익숙한 것과 헤어지는 연습을 해요. 아빠나 엄마의 직장을 따라 먼 곳으로 이사를 가거나, 섬으로 여름휴가를 떠나거나, 당일치기로 관광을 다녀오는 삶의 모든 단면이 여행이에요. 우리의 일상도 물론 소중하지만 사진 앨범에는 회사나 교실보다는 여행 중에 찍은 모습이 더 많기 마련이죠. 인생을 압축한다면 수많은 여행 장면들로 압축될 수 있을 거예요. 그리고 마침내 죽음이라는 최후의 순간이 남게 되겠죠.

미국의 사상가 헨리 데이비드 소로는 세상을 떠나기 전 이렇게 말했다고 해요. "이제야 멋진 항해가 시작되는군." 오두막집에서 소박하게 살던 소로의 생애는 진짜 여행을 시작하기 전에 보낸 짧은 여행이었어요. 소로의 45년 생애는 영화가 시작되기 전의 광고, 길고 긴 오페라의 전주곡, 화려한 저녁 만찬의 시작을 알리는 크림수프 같은 게 아니었을까요? 우리도 바쁜 삶의 여행길을 잠깐 멈추고 생각해 보기로 해요. 죽음 이후에 새로운 항해가 우리를 기다릴까? 그렇다면 우리가 떠나게 될 항해는 어떤 것일까? 바다 건너에는 무엇이 있을까?

이러한 상상을 하면서 우리 각자에게 주어진 여행길을 생각해 보아요. 삶이라는 여행에서는 해 보고 싶은 일도, 의미를 찾고 싶은 일도 많아요. 만나야 할 사람도, 맛보아야 할 요리도, 들어 보아야 할 음악도 많아요. 무슨 일을 하든 이것을 기억하세요. 우리에게 주어진 선물은 지금 이곳이고, 우리는 언젠가 죽는 존재이며, 이후에 또 다른 세계에서 삶을 이어갈지도 모른다는 사실을요. 그리고 이 놀랍고 엄중한 사실들이 우리에게 힌트를 줄 거예요. 세상의 모든 생명들을 어떻게 지키고 가꾸어 나가야 할지, 다른 사람들에게 어떻게 관심을 기울일지, 그리고 나 자신을 어떻게 대할지에 대해서요.

십 대에게 들려주는 생명의 존엄성

## 나의 첫 생명 수업

초판 1쇄 펴냄 2021년 9월 15일
　　 5쇄 펴냄 2023년 6월 1일

글 홍명진

펴낸이 고영은 박미숙
펴낸곳 뜨인돌출판(주) | 출판등록 1994.10.11.(제406-251002011000185호)
주소 10881 경기도 파주시 회동길 337-9
홈페이지 www.ddstone.com | 블로그 blog.naver.com/ddstone1994
페이스북 www.facebook.com/ddstone1994 | 인스타그램 @ddstone_books
대표전화 02-337-5252 | 팩스 031-947-5868

ⓒ 2021 홍명진

ISBN 978-89-5807-849-4  03190